Manfred Poser

#fomo

Fear of Missing Out

Die Angst, etwas zu verpassen

crotona

1. Auflage 2018
Deutsche Originalausgabe
Crotona Verlag GmbH & Co.KG
Kammer 11 • 83123 Amerang
www.crotona.de

Umschlaggestaltung: Annette Wagner
unter Verwendung von ©Vasya Kobelev/ 130378931 – shutterstock.com

Druck: CPI • Birkach

ISBN 978-3-86191-098-5

Inhalt

Es gibt kein richtiges Leben im falschen.

Theodor W. Adorno

Einleitung

Da sitzen wir also vor FOMO, diesem komischen Wort wie aus der Babysprache. Ich habe es zunächst mit Großbuchstaben geschrieben und es damit aufgeblasen, damit es auffällt. Es ist ja – und alle wissen das – ein Akronym oder „Initialwort“, das aus den Anfangsbuchstaben eines vierspännigen Begriffs besteht: *The Fear of Missing Out* oder *Die Furcht, etwas zu verpassen*. Die wäre, in unsere deutsche Sprache umgesetzt, dann die FEZV, und die „Verpassensfurcht“ könnte man als VPF abkürzen. Das klingt nach Bundesgesetzbuch und deutsch nach alter preußischer Art, aber aussprechen lässt es sich nicht. In der Welt von „Gugel“ und „Äppel“ brauchen wir Vokale und einen guten „Flow“. Überhaupt: Kann man eine Welt ernst nehmen, in der „Google“ einen prominenten Platz (im Wortschatz und überhaupt) einnimmt?

Fomo? FOMO? FoMO!

Fomo. Erinnert ältere Zeitgenossen an ein Waschmittel, das vor fünfzig Jahren in Deutschland für weiße Wäsche sorgte und dies heute erfolgreich in Afrika tut. Omo kann jedes Kind aussprechen. Klein schreibt man unseren ominösen Begriff jedoch nur im Netz. Manchmal liest man ihn in der Version FoMo, mit einer „Binnenmajuskel“ (M). Das sieht symmetrisch aus und kann gefallen, korrekt ist es aber auch nicht.

Richtig ist FoMO. Im Englischen, das keine Großschreibung kennt, werden in Titeln sogar Pronomen wie „of“ und „what“ groß geschrieben, deutlich sind die Regeln keineswegs. Jedoch sagt das „Chicago Manual of Style“, das erste und das letzte Wort einer Überschrift werde groß geschrieben, also auch das „Out“ in „Fear of Missing Out“. So landen wir bei FoMO, und so schreibt es auch der US-Marketingmann Dan Herman, der das Phänomen erstmals 1996 beobachtet und definiert haben will. Das *Museum of Modern Arts* in Manhattan schreibt sich ja auch MoMA, anders als das unsägliche ZDF-Morgenmagazin, das MOMA.

Die Furcht, etwas Konkretes zu verpassen (etwa ein Treffen), wäre einfach the „Fear of Missing It“ (ES zu verpassen, den bestimmten Anlass); die „Fear of Missing Out“ ist eher unscharf und bezieht sich auf eine Möglichkeit, auf vieles möglicherweise zu Verpassende, so dass sie fast als eine Angst gelten könnte, ein Grundgefühl. Darum geht es bei unserem Phänomen: Nicht um ein Verpassen, das schwere Folgen hätte, sondern um ein vages Nichts-verpassen-Wollen, alles mitzukriegen, dabeizusein und souverän seine Kontakte verwaltend.

Ängste werden gewöhnlich mit der griechischen Sprache bezeichnet, und man hört auch hier ein Echo von weit her: FoMO erinnert an *Phobos*, das griechische Wort für Furcht, das mit dem schönen Buchstaben φ beginnt. Manche reagieren „phobisch“ auf Gewitter, Spinnen oder Mäuse, und andere heute eben „fomisch“ im Chaos der vielen Möglichkeiten, und das ist nicht komisch.

Zwar sagt uns Rabbi Joseph Gikatilla in seinem Buch „Gates of Light“: „Glücklich ist der Mensch, der sich immer fürchtet.“[1] Wer sich fürchtet, passt gut auf und geht von den Wegen des Herrn nicht ab. Die Furcht gehört einfach zur Liebe dazu, vielleicht in der Form der Ehrfurcht, schrieben jüdische Gelehrte im Mittelalter. Furcht sei das Gegenteil der Liebe oder ergänze sie. Beides kann da sein.

Nur: Wenn Furcht da ist, wird die Liebe kleinmütig. Die Menschen der Frühzeit wurden weit mehr durch das beeinflusst, was sie fürchteten, als durch das, was sie liebten, meinte einmal der berühmte Anthropologe J. G. Frazer. Die Furcht vor der Natur führte zur Religion, die mit Opfern die Dämonen und die Naturgewalten zu zähmen hoffte, und die Furcht vor dem Tod ließ uns in den Staub sinken, als die christliche Kirche uns mit der ewigen Höllenstrafe drohte.[2]

1 Gikatilla, Gates of Light (2002), S. 202
2 Lorimer, Whole in One (1990), S. 244

Das liegt hinter uns. Es herrscht Angst davor, den Job oder Hab und Gut zu verlieren. Um das zu verhüten, schließen wir Versicherungen ab, die Verluste ersetzen (aber nichts verhüten können), und da wir nichts versäumen wollen, halten wir streng die Regeln ein, bis nichts mehr Spaß macht und wir uns in unserem Job gleichsam eingebunkert haben. „Worin unterscheiden sie sich eigentlich von angeketteten Sträflingen?“, fragte im dritten Jahrhundert Yang Zhu, ein Philosoph der Sinneslust, und er meinte jene, die „für eine Stunde des Ruhms“ ihre einzelgängerischen Wege gehen, die alles analysieren und „abwägen, was gut für Körper und Geist ist“ ... und so die glücklichsten Augenblicke ihres Lebens verpassen.

Furcht und Ehrfurcht. So stehen wir auch irgendwie ehrfürchtig und furchtsam vor unserer digitalen Welt, die wir ja gleichzeitig lieben, weil sie uns so verschwenderisch beschenkt. Wir fürchten, ihren Verheißungen nicht gerecht zu werden, ihre Angebote nicht richtig auszuschöpfen. Die Tore zum Paradies stehen scheinbar weit offen, und wir sollen nun handeln und unser Leben zur Perfektion bringen; das ist eine große Aufgabe, die einen auch lähmen kann. Wir fürchten, das Wichtigste zu verpassen, uns des Paradieses als nicht würdig zu erweisen. Doch wir kennen die Internet-Welt, wir können sagen: „Der Herr ist für mich; so fürchte ich nichts.“ (Ps 118,6) Und doch fürchten wir uns manchmal und huldigen einem (unsichtbaren) elften Gebot: Du sollst nichts verpassen.

Angst und Furcht

Es soll, wie ich einmal gelesen habe, 271 Formen von Angst geben, aber das ist schon eine Weile her; vielleicht sind es jetzt schon 371. Je mehr wir wissen und haben, desto mehr Angst haben wir. Wöchentlich werden neue Ängste gefunden (und auch erfunden). Doch halt: Sind es wirklich Ängste oder nicht etwa – Formen der Furcht? Angst ist ein vages Gefühl, das unter der Furcht liegt, die sich auf etwas Konkretes richtet. Auch wenn wir sagen: Ich habe Angst vor ihr. Ich fürchte sie, müssten wir korrekterweise sagen, und dies ist von einem Angstgefühl begleitet. In einem Beitrag über die Furcht vor dem Zahnarzt las ich: „Die emotionale Qualität einer Furcht ist immer Angst.“ Es wird sich aber auch in diesem Buch nicht vermeiden lassen, von Angst zu sprechen, wenn eigentlich Furcht gemeint ist – wir verstehen das besser.

In der Bibel gibt es viele Stellen über die Furcht. Der Mensch fürchtet seinen Gott, der ihm aber sagen lässt: Fürchte dich nicht. Die Angst kommt in der Bibel hingegen nicht vor; denn der Begriff schlich sich erst nach dem 8. Jahrhundert in die Sprache ein. Die Angst kommt von der Enge her (*anghu*, indogermanisch; *angustia* auf Lateinisch), und die Klaustrophobie, die Furcht vor engen Räumen, kann daher immer auf Verständnis hoffen. Eine solche kann auch durch die Filterblase entstehen, die „Filter bubble“, wenn ich nur noch von meinen eigenen Posts und meinen Suchversuchen eingekreist werde und umzingelt bin.

Aber auch das Gegenteil – leere Räume und eine Vielzahl von Möglichkeiten – kann einen einschüchtern. Agoraphobie ist die Furcht vor weiten, leeren Plätzen. Die Extreme begegnen sich und rufen ähnliche Wirkungen hervor. Chancenlosigkeit kann einen genauso lähmen wie ein Übermaß an Chancen. Wer tagelang auf eine Eiswüste glotzt, dem spielt sein Gehirn bald eigene Bilder vor, die sogenannten Halluzinationen; und ebenso kann es dem ergehen, der von Informationen und Bildern überschüttet wird. Oder: Extreme Lust wird zu Schmerz, Konfusion tritt auf, das Hirn blendet sich aus und spielt verrückt.

Was ist Angst? Das müssen wir erst einmal klären. Denken wir an die paradoxe Aussage: Wir rennen nicht weg, weil wir Angst haben, sondern wir haben Angst, weil wir wegrennen. Angst drückt sich im Körper aus, der sich an alle angstbeladenen Episoden seines Lebens erinnert und Panik produziert. Was wir körperlich spüren, haben wir in allen Fasern. Angst bedroht uns. Wir müssen uns sicher fühlen, um Menschen zu sein. Doch auch hier muss man unterscheiden zwischen dem Schrecken und der Angst, wie es Graham Greene getan hat. Vor Schreck läuft man schreiend fort, milde Angst jedoch könne auch etwas „seltsam Verführerisches" haben: „Angst und sexueller Reiz sind geheime Verbündete, Schrecken ist eine Krankheit wie Hass."[3]

Dauernde Angst zerfrisst einen, macht einen zum Nervenbündel, zerstört die Persönlichkeit. „Angst essen Seele auf" hieß ein Film von Rainer Werner Fassbinder aus dem Jahr 1974; „Die Angst des Tormanns beim Elfmeter" ein berühmt gewordenes Buch von Peter Handke. Vor Todesangst sind Menschen schon tot umgefallen, vor Todesangst sind sie freiwillig in den Tod gegangen, aber alltäglich und störend sind die kleinen Ängste.

Keine Chance: Irgendeine Phobie hat, wer mobil kommuniziert. Und der Ängste werden immer mehr, je mehr Zeit vergeht, da Wissenschaftler findig sind, neue zu benennen. Die Angst vor der Angst gibt es auch. Man müsste sie Phobiephobie nennen. Oder Fobifobi? Wer fürchtet, von FoMO befallen zu werden, leidet dann unter der (von mir erfundenen) FoMOphobie. Vermutlich tritt auch die Angst vor der Angst auf, von FoMO befallen zu werden.

Die Furcht, eine Entscheidung zu fällen, wurde von der Psychologie „Kairophobie" getauft. Kairos ist in der Bibel ein von Gott gegebener günstiger Zeitpunkt, einen Auftrag zu

3 Greene, Eine Art Leben (1971), S. 31

erfüllen. Die Griechen der Vorzeit machten aus allem einen Gott oder eine Allegorie, also eine Gestalt. Sie verkörperte einen Begriff, der dadurch anschaulich wurde. Den bekannt gewordenen Kairos aus der griechischen Mythologie hat der Bildhauer Lysipp gestaltet, als nackten Jüngling mit Federn an Schultern und Fersen, mit lockigen Haaren vorn und kahlem Hinterhaupt. Man muss die Gelegenheit, wenn sie vorbeikommt, „beim Schopf fassen", denn wenn sie vorbei ist, kommt man zu spät: Die Hand rutscht am kahlen Schädel ab.

Kairos ist für die Wahl des günstigen Augenblicks zuständig. Im richtigen Augenblick kaufen, im richtigen verkaufen! Der Börsenmakler und Händler sollte ein FoMO-Kandidat sein (wenn es ihn noch gibt und er noch nicht durch einen Computer ersetzt wurde). Einen ungünstigen Augenblick zu wählen, ist nicht immer ein Drama; verpasst hat man da nichts, nur die Lösung ist nicht optimal gewählt. Später weiß man das; doch manchmal ist auch eine falsch wirkende Lösung richtig. Kann man etwas über irgendetwas sagen, ohne falsch zu liegen? Kann man überhaupt etwas sagen, ohne zu lügen?

Zu Kairos gehört irgendwie die Tyche, die Göttin der Fügung, des Schicksals und des Zufalls, dargestellt mit Füllhorn, Ruder und Flügeln, und im alten Rom wurde die Tyche zur Göttin Fortuna. Sie ist immer in der Nähe, hat aber die Augen verbunden, darum hat nicht nur der Tüchtige Glück, sondern mal dieser, mal jener. Zu FoMO gehört der niedliche nackte Kairos, denn wir wollen ja nichts verpassen oder versäumen. Zugriff!

Man muss es nochmals betonen: Die beiden gibt es gar nicht, sie sollen bloß ein Konzept verkörpern, wie der geflügelte Gott Amor für die Liebe stand. Es sind Figuren, die der Vorstellungskraft helfen, und so entstanden in zweitausend Jahren Statuen und Bilder von Heiligen, Engeln, Teufeln und Drachen, damit wir in Europa tüchtig Respekt (oder Angst) verspüren konnten.

Wie würde wohl ein „Gott Fomo“ aussehen? Schreckgeweitete Augen, die Haare zu Bergen stehend, in der linken Hand ein kleines Gerät, die rechte Hand erhoben, mit ausgestrecktem Zeigefinger?

Schauen wir nach Osten und stellen wir neben Kairos und Tyche eine rätselhafte Gestalt hin – den Gott Fudo. Er steht im Zen-Buddhismus für das „unbewegte Begreifen“, hält ein Schwert in der Linken und eine Fangschnur in der Rechten. Er ist wütend, weil er seine Lehre verteidigt, die will, dass das Herz „für immer gestillt und allezeit beweglich verharrt“.[4] Wir sollen die Aufmerksamkeit nicht auf eine Stelle heften und uns davon „einhalten“ lassen; sollen nicht aufs Verpassenkönnen fixiert sein, uns nicht davon hypnotisieren lassen. Fudo will, dass wir frei und locker sind und „darüberstehen“, dass wir blitzschnell handeln, ohne viel zu denken.

4 Suzuki, Zen und die Kultur Japans (1958), S. 48

Ver … passt

Das Verpassen passiert eben. Man ist nicht darauf vorbereitet, und niemand bereitet sich darauf vor. Was man verpasst hat, weiß man später: „Ich habe mein Glück durch eigene Schuld verpasst, und dafür wurde und werde ich immer noch grausam bestraft.“ (Giselle in einem Roman der Comtesse Ségur.)

Beim drohenden Verpassen gleitet etwas an uns heran, macht sich bemerkbar, will ergriffen werden oder wird – verpasst. Davor fürchtet man sich. In Träumen erlebt man das: Man steht nackt da, hat sein Geld oder sein Gepäck eingebüßt, wartet am falschen Bahnsteig und hat den Anschluss versäumt. Man wird von der Lehrerin abgefragt und weiß nichts, Leere im Hirn, man hat seinen Schlüssel verloren und erinnert sich an sein Hotel nicht, man steht mitten in Peking und kann kein Wort Chinesisch.

Verpassen hat mit Ungeschick zu tun, mit Unvermögen, auch mit Unglück; man will den Zug ja nicht verpassen. Beim Verpassen geht es um Treffen, die nicht zustande kamen. „Sie verpassten sich.“ Man kann jemanden auch abpassen; oder es „passiert einem“ etwas. Es kam auf ihn zu, suchte ihn heim, traf ihn frontal. Das Treffen geschah. So passierte ihr, dass sie reich wurde. Auch das Verpassen passiert. Das Nicht-Treffen trifft ein, da beißt sich die Katze in den Schwanz.

„Pass me the salt“, bittet die englische Gastgeberin. Reichen Sie mir das Salz. Im Englischen meint „to miss something“, etwas Konkretes zu verpassen, aber auch, es zu vermissen: „Missing you“ stöhnte damals (1979) George Lowell von „Little Feat“, unvergessen. „To miss out on something“ ist globaler und weitläufiger und meint das Verpassen, das wir meinen. Während im Französischen und Italienischen verpassen gleichbedeutend ist mit verlieren: „ho perso qualcosa“ kann – je nach Kontext – bedeuten, ich habe etwas verloren oder verpasst. „Il a perdu cette occasion“: Er hat die Gelegenheit verpasst oder versäumt. Hat sie verschlafen. Ein säumiger Schuldner zahlt nicht; wer säumt, der zaudert und zögert, und Hektor sagt in der „Ilias“ von Homer seinem Bruder: „Oft nur säumest du gern und willst nicht.“[5]

Ich hab etwas verpasst; hab es verschlafen oder verpennt. Hab etwas verkackt oder vergeigt. Versäumt hab ich eine Menge, versagt oft. Ich verlege manchmal etwas und verliere viel. Man kann Menschen verkennen und verraten, sie verfehlen, kann sein Glück und Hab und Gut verspielen oder kann schlicht und einfach versagen; kann etwas versemmeln, versieben, verspielen, verschlafen oder verschwitzen. Die vielen Wörter in unserem deutschen Sprachschatz deuten darauf hin, dass das Versagen und Verpassen nichts Seltenes ist. Auch das Verlieren ist nicht selten; die Existenz des Fundbüros zeugt davon.

Die Vorsilbe „ver“ verunstaltet das Verb, dem es vorangestellt ist, und verändert dessen Bedeutung. Es ändert sie nicht nur, sondern ver-ändert sie. Wir spüren einen Verlust oder einen Verzicht; etwas ist verschwunden, ist uns durch die Lappen

5 Homer, Ilias (1970), S. 125

gegangen. Was das Verbum bedeutet, ist durch das „ver“ nichtig geworden, zerronnen und hat etwas Zerstörerisches angenommen: Verderben, Verlassen, Vertreibung, Vernichtung.

Wir müssen das nicht zu weit treiben. Man kann sich fragen, wie verliebt sein und verheiratet sein da hineinpasst. Das ist vermutlich eine zweite Variante mit der Bedeutung enge Verbindung: Verbunden, verbandelt, Verschwörung, Verhandlung, Verzeihung.

Hat sich mein Glück vielleicht „verpisst“, habe ich alles verschlafen? Da muss ich also aufpassen; in meiner Wachsamkeit nicht nachlassen. Wenn ich fürchte, etwas zu verpassen, werde ich „achtsam“ sein auf alles, das ich verpassen könnte – und dann das Einzige verpassen, was ich nicht bedacht habe, den Kopf schütteln und sagen: Du hast es nicht in der Hand. Es passiert. It happens. Shit happens. Wir haben es zu spät mitgekriegt oder überhaupt nicht mitgekriegt, und darüber werden wir später sprechen – über das (Nicht-)Mitkriegen.

Seltsame Welt

In ruhiger Sprache schreibt man also über ein Phänomen, das in einer ganz anderen Welt grassiert als der gemütlichen des Buches: In der digitalen Welt, die, wie wir jetzt begreifen, die echte Welt unterwandert hat. Noah Smith schrieb: „Vor fünfzehn Jahren war das Internet ein Ausweg aus der realen Welt.

Jetzt ist die reale Welt ein Ausweg aus dem Internet." Nicht mehr Work-/Life-Balance, sondern Real-Life-/Digital-Life-Balance, schreibt eine Autorin. Science-Fiction-Bücher und Romane holten uns früher heraus aus unserer Welt, boten ein Schlupfloch, doch seit diese Welt immer mehr einer Science-Fiction gleicht und Romane nur das wiederholen, was wir ohnehin zur Genüge kennen, ist auch dieses Schlupfloch verstopft. Junge Leute sähen nicht mehr stundenlang fern, wurde irgendwann bemerkt, sondern sie schauten in Youtube und andere Kanäle, die wiederum – nun merkt man es - nur Fernsehen in anderer Form sind und ebenso dürftig-witzig und platt. Es gibt kein Entkommen.

Ein prominenter Beobachter hält fest, dass die Algorithmen der Social-Media-Betreiber das Verhalten verändern können, und dass sich der Prozess „im Dunkeln" abspielt und automatisch, in einer „neuartigen, unheimlichen Schattenwelt". Falsche Behauptungen verbreiten sich so rasend schnell, „dass die Menschen manchmal gar nicht mehr in derselben Welt – nämlich der realen Welt – zu leben scheinen".[6] Millionen tummeln sich im „Darknet", andere leben in der Welt ihrer Clique und Gruppe und finden es faszinierend, und man weiß gar nicht (und will gar nicht wissen), was alle lesen und wie es sie verändert.

Die Besorgnis wächst. Wir fühlen uns, als wären wir Opfer einer Invasion geworden, als hätte man uns als Geiseln genommen. Langsam schwant uns, dass ein falsches Leben uns umgarnt, bestrickt, entzückt und erobert hat; selten war das

6 Lanier, Zehn Gründe, warum du deine ... (2018), S.49/109

Unbehagen so groß, weil sich nun die psychischen Folgen deutlich zeigen. Wenn wir nicht bald die Reißleine ziehen, könnten diese uns überwältigen. Die apathischen und neurotischen, dem kurzfristigen Konsum hingegebenen Massen könnten die Demokratien lahmlegen und alle Werte leugnen, die uns noch gemeinsam sind. Egoismus statt Empathie, Lüge statt Wahrheit, Hass statt Herzlichkeit – die Zeichen deuten auf eine Negativ-Spirale, die sich immer schneller dreht.

Eine Gesellschaft, in der niemand etwas verpassen will, weil jeder im Konkurrenz-Modus arbeitet, verliert aus dem Blick, dass wir nur in Zusammenarbeit unser Zusammenleben meistern können. Die Frage der Psychologin Jean Twenge, ob die Smartphones nicht bereits jetzt eine Generation zerstört haben, klingt nicht zu dramatisch. Wir müssen die Jüngsten schützen, die sich immer weiter in ihr Schneckenhaus zurückziehen und damit allmählich soziale Fertigkeiten einbüßen – gerade durch die „sozialen" Medien. Wie absurd!

Niemand will sich mehr festlegen. Alle wünschen sich zwar klare Strukturen und feste Verhältnisse, halten sich aber ein Hintertürchen offen, damit etwas vielleicht Besseres noch ergriffen werden kann. Ruf mich an, wenn du in der Stadt bist – eine Verabredung ist schon zu konkret. Junge Leute scheuen vor Beziehungen zurück.

FoMO hat uns im Griff. Das Treiben nimmt kein Ende. Erst wenn ich das Gerät weglege und in den verdienten Schlaf falle, habe ich Ruhe – wenn mich nicht ein Verpassenstraum heimsucht. Dann, am Morgen, geht es schon wieder in die

Galeere, an die früher Sträflinge angekettet wurden, um zu rudern. Es ist wie in der Zentrale der Nachrichtenagentur, in der ohne Pause, nie endend, Meldungen und Artikel eintreffen. Kein Urlaub. Im Urlaub poste ich, was ich tue. Ein anstrengender Job, konstant online zu sein, und nebenbei habe ich noch einen nicht minder anstrengenden Gelderwerbsjob und ein reales Leben mit Einkaufen und Bürokram.

Auch bei intensiven Erfahrungen können wir – daran erinnert uns der Buddhist Chögyam Trungpa – verunsichert sein und uns fragen, ob wir wirklich etwas gelernt haben oder uns etwas entgangen ist. Die beiden Eindrücke könnten nebeneinander bestehen, da sei immer ein Hintergrund von Geahntem. Unser Leben ist eben prekär, vorläufig, zwiespältig; damit müssen wir zurechtkommen.[7] Wir sind im Rennen, wir haben alles im Griff, wir haben nichts verpasst, wie schön! Aber ist damit etwas gewonnen? Der Spannungszustand bleibt bestehen. Wir sind nicht gerettet, gleich will das nächste Problem gelöst, das nächste Event nicht verpasst, der nächste Post beantwortet werden. Wir bleiben unter Druck.

FoMO wird durch das System befeuert und zu einem Wurzelproblem: Gesucht werden die Aufmerksamkeit und die Zuneigung des anderen Menschen, der Weg zu einem perfekten Körper und einem glücklichen Leben, und da der Möglichkeiten so viele sind, ist die Furcht, etwas daraus zu verpassen, was einen zum Außenseiter machen würde, so groß. Zwar herrscht noch Vertrauen in die Familie, die jedoch oft nur mehr eine Rumpffamilie ist, während der Staat wenig gilt

7 Trungpa, Die Insel des JETZT (1998), S. 101

und Religion gar nichts. Die Einzelkämpfer finden kein Auffangnetz vor.

Wie konnten so viele in den Abgrund der sozialen Medien gelockt werden?, fragt der Autor Geert Lovink[8], der eine „Epidemie der Ablenkung“ konstatiert. Von 7,6 Milliarden Weltbürgern haben 5 Milliarden ein Handy und 4 Milliarden einen Internetzugang. Vier Milliarden! Eine Milliarde Menschen könnte FoMO-gefährdet sein! Eine weltweite Epidemie? Das unentwegte Ergreifenwollen, das wildbewegte Zugreifen hat uns im Griff.

Was will man nicht verpassen?

„Dann bekam Edgar mit vierzig das „Da-hab-ich-was-verpasst“-Syndrom und fand eine verständnisvolle Zuhörerin. Wieder war ich die letzte, die es merkte, und da er sich nicht entscheiden konnte, stellte ich ihm seine Koffer vor die Tür.“ (Aus dem Internet.) – „Mein Arzt sagte: „Es ist wichtig, dass wir nichts übersehen.“ – „Nichts verpassen“ ist das Motto der Schweizer Tageszeitungen „Bund“ (Bern) und „Tagesanzeiger“ (Zürich). Gute Lektüre!

Auch heute noch studieren viele Menschen am Morgen erst einmal die Tageszeitung. So wissen sie, was weltweit und im eigenen Ort los ist. Sie wollen sich orientieren (kommt vom Orient, dem Osten) und müssen informiert sein, um sich wohl zu fühlen. Nichts verpassen von dem, was abgelaufen

8 Lovink, Epidemie der Ablenkung (Lettre international), S. 17

ist. Man ist von FoMO ergriffen, das auch den Journalisten im Griff hat, dessen Arbeit dazu beiträgt, dass wir mitreden können. „Hatten wir das?“, fragt in der Morgenkonferenz der Chefredakteur und wirft dem betreffenden Ressortleiter einen scharfen Blick zu, während dieser nervös in seinen Papieren blättert, den Blick sinken lässt und flüstert: „Nein.“

Ein wichtiges Fußballspiel, das im „Free-TV“ übertragen wird, will man nicht verpassen: den Anstoß nicht und keine Minute davon. Darum holt man sich das nächste Bier in der Halbzeitpause und geht erst dann auf die Toilette; es gibt zwar die Zeitlupe, aber das Tor aus dem Spiel heraus gesehen zu haben, das ist es! Der Fußballfan leidet unter FoMO, keine Frage.

Was machen die Promis, das will wissen, wer in dieser Sphäre daheim ist, und der Fußballfan erforscht Transferlisten und die Stimmen zum Spiel, um ein Gesamtbild zu bekommen. Alle von FoMO betroffen. Darum blüht auch immer noch in Firmen und Dörfern der Tratsch: Wissen will man, was los ist. Wissen ist Macht, etwas nicht zu wissen, ist Ohnmacht und Hilflosigkeit, was zu Stress und dem Gefühl führt, nicht so richtig dazuzugehören.

Im komplexen Geschäft des Lebens haben wir Angst, dass wir uns später einmal selber zur Rechenschaft ziehen könnten. Man will – so die Bergsteigerin Tamara Lunger – „sagen können: Ich hab alles richtig gemacht.“ (Mit der Betonung auf *alles*.) Wir alle wollen nichts auslassen, nichts verpassen. (Mit der Betonung auf *nichts*.) Es ist ein hoher Anspruch, der auf Totalität und Perfektion. Durch die sozialen Netzwerke stehen wir in Verbindung mit einer ganzen Gruppe, mit unserem „Stamm", der eigene Regeln hat und uns zum Mitspielen zwingt. In den vergangenen Jahren wurden politische Führer gewählt, die ihre Macht auf Stammesdenken gründen.

Die FoMO-Skala

Der Katalog dessen, was man meint, nicht verpassen zu dürfen, wird bei jedem anders aussehen. Doch er wird grob dem Katalog ähneln, den die herrschende Gesellschaft ausgibt, in der wir leben. Daran orientieren wir uns. Ein Katalog von Themen macht die „Fear of Missing out Scale" aus, die FoMO-Skala, und sie ist es wert, wiedergegeben zu werden:[9]

Ich fürchte, andere machen wertvollere Erfahrungen als ich. – Ich fürchte, meine Freunde haben mehr wertvolle Erfahrungen als ich. – Es beunruhigt mich, wenn ich erfahre, dass meine Freunde ohne mich Spaß haben. – Ich werde ängstlich, wenn ich nicht weiß, was meine Freunde vorhaben. – Es ist wichtig, dass ich die Witze meiner Freunde verstehe. – Manchmal frage ich mich, ob ich nicht zu viel Zeit damit verbringe, herauszufinden, was gerade los ist. – Es ärgert mich, wenn ich eine Gelegenheit verpasse, meine Freunde zu treffen. – Wenn es mir gerade gutgeht, ist es für mich wichtig, Einzelheiten darüber online mitzuteilen (z.B. meinen Status upzudaten). – Wenn ich ein geplantes Treffen verpasse, ärgert mich das. – Auch wenn

9 Nach: Spitzer, Cyberkrank! (2015), S. 182

ich in Urlaub gehe, verfolge ich weiter, was meine Freunde so treiben.

Zehn Statements. Ich und die anderen. Der Bezug zu meinen „Freunden“. Wo stehe ich? Wo stecke ich – noch drin im Klub oder schon in einem Außenbezirk? Erst spät habe ich mich in die „aktuelle Literatur“ eingelesen, beinah hätte ich sie verpasst. Doch was ist das für eine „Literatur“? Sie kommt von Sozialwissenschaftlern, die sich für Philosophen halten, von Journalisten, die witzig sein wollen, und von Bloggern.

Die FoMO-Skala hat Adam Przybylski von der Universität Essex in England entwickelt und bekannt gemacht. Seine Arbeit erschien 2013 in der Zeitschrift „Computers in Human Behavior“. Er rät, die zehn „Items“ durcheinanderzumischen. Zu antworten ist darauf mit fünf Varianten: „Trifft auf mich überhaupt nicht zu“ (1 Punkt), „trifft auf mich etwas/ziemlich/sehr genau/absolut genau zu“ (2-5 Punkte).

Lucia Peters schreibt auf „Bustle“ am 4. Juni 2016, wer 30 Punkte und mehr erreiche, leide stark unter FoMO, bei 23-29 sei die Person mittelstark betroffen, von 15-22 bestehe ein FoMO-Risiko, und von 0 bis 14 Punkte: nicht FoMO-wahrscheinlich. Nun kann sich jeder selbst ein Bild machen.

Zehn Statements stehen da, in denen das „literarische“ Ich (das Ich der FoMO-Skala) sein Leben vornehmlich mit dem seiner Freunde vergleicht. Bei FoMO geht's um Konkurrenz, um Dazugehören-Wollen und Besser-sein-Wollen, weil über die „Social Media“ dauernd Duelle stattfinden und weil sie abbilden, wie dein persönlicher Kurs steht, wo du stehst in der Gruppe.

Bei Przybylski ist die „Fear of Missing Out“ die Furcht davor, in diesem Spiel zu verlieren, wenn man über die interessanten Aktivitäten der anderen liest. Er definiert unser Phänomen als eine tiefsitzende Angst (deep fear), sollte man von diesen Aktivitäten nichts oder zu wenig erfahren, weshalb man danach strebt, möglichst immer „connected“ zu sein.

Viele Aussagen des Fragebogens kreisen um Neid. Wir sind neidisch, weil andere vielleicht mehr Spaß haben als ich. Der Schweizer Therapeut Christian Kläui meint, wir seien nie auf Hab und Gut (oder eine Fete oder ein neues Kleid) einer anderen neidisch, sondern insofern, als diese Dinge Genießen versprechen. Wir „drehen uns leicht in eine Neidspirale hinein, und unser Neid macht uns immer neidischer, weil wir doch nie bekommen, was ihn stillen könnte“. Wir können mehr bieten, können die andere übertrumpfen, die zu einer Rivalin wird, die man nur zu gern zerstören würde ...

Zwar bekommt der Säugling durch die Mutterbrust Urvertrauen, aber genießen kann er nicht richtig. Die Mutter hat auch andere Aufgaben. Kläui formuliert den Satz: „Es, das Genießen, ist uns allen, auch der Mutter selbst, vorenthalten.“ Es ist eine Schimäre, ein ferner Traum, aber es könnte dennoch dasein, ohne idealisiert werden zu müssen. Er rät: „Der Neid, der dem Andern ein Genießen unterstellt, das sich mir selbst verschließt, bezieht sich in seiner tiefsten Schicht auf dieses immer schon verlorene Genießen, von dem uns wenigstens ein kleiner Zipfel bleiben kann. Wenn wir denn begreifen können, dass wir dies namenlose ‚*andere*' Genießen gerade dort verpassen, wo der Neid sucht: im Genießen des Glitzernden, des Besitzes, der Macht."[10]

Wir schauen, wenn wir nicht neidisch spähen, oft nur, wo wir stehen. Ob wir noch geachtet werden. So schaut auch täglich der Firmenchef, welchen Kurs im Dax seine Firma hat; und wie beim Börsenkurs geht es weniger um konkrete Zahlen und Facts, sondern mehr um die Stimmung und das, was die Öffentlichkeit von der Firma hält. Man veröffentlicht optimistische Pressemitteilungen, deutet eine bevorstehende Kooperation an, macht einfach gute PR, damit die Firma „bella figura" macht. Das muss nicht alles fundiert sein; die psychologische Wirkung zählt.

Im Leben mit Posts und dem „Posern" (der Poser ist nicht nur ein Autor, sondern allgemein einer, der sich gekonnt in Szene setzt, der „posiert") ist es ähnlich. Jeder Mensch ein Einzelkämpfer und ein Marketingexperte des eigenen Egos. Bei der Furcht vor dem Verpassen geht es ums Abhaken, ums Dabeisein, ums Punkte-Machen. Das Scheitern findet auf einer anderen Ebene statt und ist kein Thema; man zelebriert das eigene Leben, nimmt teil an allem, was geht, und bringt sich in Position für einen Schlagabtausch, zu dem es nie kommt, denn alles ist Taktik und Probe, die „Gegner" sollen beeindruckt und eingeschüchtert werden.

10 Kläui, Eifersucht (Lettre international), S. 59

Es geht nicht ums Versäumen oder ein gravierendes Verpassen, das Folgen hat. Die Userin hat Angst, ihrem Netzwerk nicht gerecht zu werden und jemanden zu verprellen. Sofort antworten! Wenn man zehn Minuten wartet – die Wartezeit heißt *Texpectation* –, ist der andere schon irritiert. Angemessen antworten! Du hast doch das letzte Mal einen Smiley mitgeschickt, warum nun keinen? Hast du mich nicht mehr lieb? Da wiederum kommt die Eifersucht ins Spiel.

Das fehlende Smiley war vielleicht der Eile geschuldet, und die lang ausbleibende Antwort hatte irgendwelche Gründe. Doch unser Argwohn ist geweckt. Die Säumige sitzt schon auf der Anklagebank und muss sich rechtfertigen. Warum hast du mich nicht verständigt? Es gibt eigentlich keine Entschuldigung. Nur eine technische Panne wird akzeptiert; Stress im Büro geht auch noch.

Symbolische Zeichen sind oft wichtiger als das, was in Wörtern dasteht. Andererseits werden die Wörter manchmal zu einem Symbol; denn manche Botschaften sind banal oder reine Bestätigungen und damit wie ein Nicken im Gespräch: Ja, ich bin noch da. Es geht nicht nur um den Austausch von Informationen, sondern um den Austausch an sich. Wir sind im Gespräch. („Wir sind ein Gespräch“, hat einmal Martin Buber geschrieben.)

Dann klopfen wir die Wörter ab. Im Sprechen des anderen bleibt, schreibt wiederum Kläui, „ein ungezügelter Rest, der durch die Poren des Gesagten dringt und sich doch nie einfangen lässt“. Man fühlt sich verunsichert. Der Argwohn, wenn er Nahrung hat, ist kaum zu zerstreuen. Wie beim Neid wird dann das, was sich nicht fassen lässt, „immer wieder umkreist und zum Kern immer neuer Fragen".[11] Kann einem eine schlaflose Nacht bescheren.

Man will aber auch nicht verpassen, wo etwas abgeht. Was los ist. Wer wen nicht mehr lieb hat und wer wen plötzlich ganz arg lieb hat. Kontrolle will man, also Informationserwerb. Ich muss möglichst alles wissen, muss Teil der Netzwerke sein, wo was abgeht. Die Informationen müssen zu mir kommen, damit ich entscheiden kann. Wenn eine Information an mir vorbeigeht, habe ich verloren. Bin ich Teil der Kette, ist die Wahrscheinlichkeit ziemlich gering, dass ich etwas Entscheidendes verpasse oder versäume. Doch wie John Lennon gesagt hat: „Leben ist das, was passiert, während ich eifrig dabei bin, andere Pläne zu machen."

Paradox ist, dass wir, je mehr wir versuchen, das Leben zu kontrollieren, desto weniger Kontrolle haben. Wir stopfen Lücken, sind unterwegs zu einem lückenlosen System, doch all das ist Illusion. Wir sollten flexibel bleiben, das Improvisieren üben und uns vertrauen: Wir kriegen das hin.

Schade, dass wir mehr von Ängsten beherrscht sind als von Wünschen, mehr von Furcht als von Liebe. Wir sind ganz schön negativ! Die Furcht vorm Verpassen könnten wir auch als etwas Positives benennen – den Wunsch, dazuzugehören (Wish to be Part Of). Wir wollen ja alle geliebt werden, nur fällt es uns schwer, das zuzugeben.

11 Ders., S. 58/59

FoMO-Folgen

FoMO hat viele Begleiterscheinungen. Zwar könnte man sagen, dass Sucht, Einsamkeit, Burnout und alle anderen negativen Phänomene einfach mit der konstanten Online-Beschäftigung einhergehen. Aber warum bin ich online? Um dabei zu sein, um dazuzugehören, um mein Leben besser zu organisieren, um mich nicht zu langweilen, um die Nachrichten mitzukriegen. Ich schreibe über die Verpassensfurcht, also behaupte ich kühn, dass sie den größten Antrieb liefert.

Die Sucht

Wir sind schon mittendrin in unserem „Date“ mit Furcht, Angst und Sucht. Einen Moment: Sucht schreibt man nicht mehr, bei Psychologen heißt es Abhängigkeit. Sucht aber ist kürzer, man kann mit ihr spielen: Sucht ist immer Flucht. Mit Alkohol oder Heroin in eine andere Welt fliehen; vor sich selbst und seiner Verantwortung flüchten. Oder ist Sucht eine Suche? Bestimmt ist sie das. So oder so, wir haben es bei FoMO mit einer „substanzungebundenen Abhängigkeit“ zu tun. Vom Wunsch nach voller Kontrolle zur Abhängigkeit von Mechanismen ist es nur ein kleiner Schritt. Man wird beherrscht von dem Gedanken, nichts verpassen zu wollen. FoMO ist das Grundgefühl, abhängig sind wir vom Medium, vom System, das uns zuspielt, wonach wir gieren.

Im April 2018 wurde eine Studie der Zeitschrift *NeuroRegulation* bekannt. Der Leiter der Arbeit, Professor Erik Peper aus San Francisco, gab an, dass sich durch andauernden Smartphone-Gebrauch neue neurologische Verbindungen bildeten, die denen ähnlich sind, die beim Gebrauch der schmerzlindernden Opioide entstehen. Das sind Mittel auf der Basis von Morphin wie Opium und Heroin. Wir sind „auf Stoff“.[12] Es ist immerhin eine Abhängigkeit, die das Leben nicht gefährdet; das eigene nicht, sieht man von Fällen ab, in denen ein User mit dem Phone vor dem Auge vor eine Straßenbahn läuft.

12 Le notifiche dello Smartphone ..., La Repubblica, April 2018

Nomophobie sei die Furcht, von seinem Handy getrennt zu sein – *no-mobile-phone* –, beschrieben 2008 von Steward Fox-Mills, einem britischen Meinungsforscher. Trennungsangst! Oder nicht eher Trennungsfurcht? In den USA sollen nach einer Erhebung aus dem Jahr 2014 zwei Drittel der Phonebesitzer betroffen sein, und das meldete die renommierte Zeitschrift „Psychology today". Du darfst alles vergessen, wenn du ausgehst, nur dein Smartphone nicht. Es bildet, verborgen unter bunten Mini-Flächen, den „Icons", dein soziales Leben ab. Auf und Ab, die letzten Urlaube, es ist dein „Alter Ego" – dein anderes Ich – in der Westentasche und wird gezückt wie eine Waffe. Dann fingern die Finger an der Oberfläche so virtuos herum, wie etwa ein Spieler am Roulettetisch seine Chettons setzt. Meine jüngste Vergangenheit und meine unmittelbare Zukunft sind im Smartphone drin, das für viele zu einem integralen Bestandteil ihres Lebens geworden ist. Ohne zu sein, ist wie nackt zu sein.

Jeder Zweite schaltet sein Mobiltelefon nie aus, zwei Drittel schlafen mit oder neben dem Smartphone. Die Hälfte der 15- bis 20-jährigen Nutzer schaut im Mittel 75 Mal am Tag auf ihr Phone, 7% sogar 110 Mal.[13] Einer von fünf Nutzern würde lieber ohne Schuhe aus dem Haus gehen als ohne Smartphone. Sieben von zehn würden lieber ein Jahr lang keinen Alkohol, Kaffee oder Schokolade zu sich nehmen und einer von zehn ein Jahr lang auf die Dusche verzichten, statt ohne Handy zu sein. Aber das sind Hypothesen. Ein Fakt ist, dass die Mediennutzung von jungen Leserinnen von „Discovery Girl" im Durchschnitt 6,9 Stunden täglich

13 Sempre più soli, La Repubblica

betrug. Schon 2011 wurde bekannt, dass die Online-Nutzung bei 14- bis 19-Jährigen in Deutschland 1997 bei 6,3 Prozent lag, 2010 aber bei 100 Prozent.[14]

Wenn das nicht Belege für Abhängigkeit oder Sucht sind, was dann? Wir sind süchtig. Und die Tatsache, dass es keinen Ausweg gibt, schafft Angstzustände, Burn-out und Depressionen. Die Daten könnten auch Belege für Lernhunger sein, für die Leidenschaft, wissen zu wollen. Wie ein Magnet sauge ich die Worte an und klopfe sie daraufhin ab, was sie mir bedeuten. Ich ringe ihnen etwas ab und möchte bloß wissen, ob noch alles in Ordnung ist. Ich bin hungrig nach News, ich greife nach ihnen und eigne sie mir an, und irgendwann wird das zu einem todernsten Suchen und Greifen, dass man gar nicht mehr weiß, ob man noch Hunger hat, sondern immerzu weitermacht.[15]

Kinder und Jugendliche erhalten ständig Informationen von ihrer „Peer-Group" (den Gleichaltrigen, ihren Klassenkameraden), und „wenn sie die nicht bekommen, haben sie das Gefühl, etwas zu verpassen", sagte Professor Christian Montag in einem Interview. Sie sähen, wo sie im Vergleich zu anderen stünden und „wie viel Likes sie auf Social-Media-Kanälen bekommen". Fühlt sich gut an, und „was sich gut anfühlt, wiederhole ich gern im Alltag". Suchtverhalten durch Belohnung. So werden wir umformatiert.

Das System macht abhängig. Es spielt das Phänomen der Unvorhersagbarkeit eine Rolle, meint Manfred Spitzer, wie das

14 Spitzer, S. 174/266
15 Trungpa, S. 151-153

auch im Fußball ist. Zufälle kommen ins Spiel, und dieser Zufall kann immer geschehen, weshalb ich auch möglichst immer dabei sein muss, um nichts zu verpassen.[16]

Aber auch unsere Persönlichkeit spielt eine Rolle. Wer besonders gewissenhaft ist und seine Aufgaben ordentlich erledigt, also hohe Selbstkontrolle besitzt, sollte nicht am Smartphone hängen – anders als neurotische Individuen voller Unsicherheit und mit verborgenen Ängsten. Doch eine Studie der Universität Binghamton unter 300 Studenten zeigte, dass die Pflichtbewussten genauso Opfer der Abhängigkeit von den Sozialen Medien werden können.

Auch die „Guten", die anderen helfen wollen, machen sich genauso abhängig wie diejenigen, die negative Kommentare verfassen und Unheil verbreiten. Ein Psychologe aus Mailand schloss, das System wickele alle ein, nicht nur die „problematischen Charaktere, wie man immer gedacht hat".

Schlecky Silberstein nannte dafür zwei lebende Beispiele. Justin Rosenstein, der den „Like"-Button erfunden hat, verzichtete auf die Programme *reddit* und *Snapchat*, und weil er sich nicht traut, erklärte er im Oktober 2017, überwacht ein Assistent permanent seine Nutzung der Sozialen Medien – sonst würde er den Verstand verlieren. Auch Leah Pearlman, die Produktmanagerin für den Button war, hat das Suchtpotenzial erkannt und beschäftigt Assistenten für ihre Aktivitäten in den Sozialen Medien.

16 Spitzer, Cyberkrank!, S. 27

In der Therapieeinrichtung reSTART in Seattle, die sich um Videosucht kümmert, lernte ein Autor – von Silberstein erzählt – Isaac kennen. Der Junge spielte zu viel und begriff das Problem – das Spiel „World of Warcraft". Er löschte es. An der Uni spielte er es wieder – und scheiterte an den Prüfungen. Sechs Wochen in der Therapiegruppe halfen ihm, er ging wieder an die Uni, leider an seine alte – Vorsicht: das Suchtgedächtnis! – und spielte aus einer Laune heraus „World of Warcraft". Daraus wurde ein fünfmonatiger Höllentrip, der ihm wiederum sieben Monate Therapie einbrachte.[17]

Die Gefahren sind nicht allen bewusst. Unter den 13- bis 17-Jährigen in den USA haben ja 95% ein mobiles Endgerät. 45% von ihnen sagten in einer Studie des *Pew Research Center*, sie seien „andauernd verbunden": Drei Mal so viele wie noch drei Jahre zuvor (2015). 45% der Befragten hielten den Einfluss der sozialen Netzwerke auf ihr Leben für weder positiv noch negativ, vielleicht hatten sie nie darüber nachgedacht. 30% meinten, sie hätten einen positiven Einfluss, nur 25% zeigten sich skeptisch. 17 von 100 Befragten gaben zu Protokoll, die sozialen Medien beschädigten die Beziehungen, die allmählich verarmten.[18]

A propos verarmen: Die Studie brachte auch ans Tageslicht, dass Kinder von Eltern, die weniger als 30.000 Dollar im Jahr verdienen, eher um Facebook und Instagram kreisen als Kinder von Eltern, die mehr als 75.000 Dollar nach Hause bringen. In derselben Studie kam auch heraus, dass nur noch 51%

---

17 Silberstein, Das Internet muss weg! (2018), S. 164/169
18 Facebook, crollo fra i adolescenti, La Repubblica

der Teens auf Facebook sind (20% weniger als noch 2015), jedoch 72% auf Instagram, das ohnehin Facebook gehört, und 69% auf Snapchat, das ein Angebot von Facebook ablehnte. Das ist ein Hoffnungsschimmer.

Auf diesen Plattformen wird kommuniziert, und wenn man sich etwas beobachtet, erkennt man (wie etwa der „Vordenker“ Jaron Lanier), dass die Sucht leicht die Persönlichkeit verändert. Süchtige sind reizbar und werden schneller aggressiv, und sie meinen, das Recht dazu zu haben, denn man muss angreifen, um nicht angegriffen zu werden – man muss sich im großen Konkurrenzkampf behaupten. So werden sich Süchtige auch aggressiv gegen den Vorwurf zur Wehr setzen, sie seien süchtig. Die Kontrollmechanismen versagen.

In der Gesellschaft, die gemeinhin den Kontrollverlust fürchtet, wird auch die Abhängigkeit gefürchtet, die schon längst grassiert.

Man ist nicht mehr Herr oder Herrin auf dem eigenen Dampfer, der ohne uns seinen Kurs fährt. Das tut er ohnehin: Sigmund Freud hatte uns 1917 schon an den Gedanken gewöhnt, dass das „Ich nicht Herr im eigenen Haus“ sei. Das Unbewusste mache sich überall bemerkbar. Hundert Jahre später formulierte Manuel Arias-Maldonado, wir wüssten nicht, ob wir Individuen *„uns machen*, ob wir *gemacht werden* oder sogar *schon gemacht wurden*“. Das Unbewusste ist nicht ohne unsere Lebensbedingungen zu denken, die sich an unseren Mitmenschen orientieren.

Der Zwang (zum Anderen)

Wir wollen ja nichts verpassen und sehen uns daher gezwungen, öfter auf dem Handy nachzuschauen. Der Zwang kommt von innen, es ist wie ein Appell. Das muss man als zwanghafte Handlung bezeichnen. Zwangsstörungen sind ja verbreitet. 2% - 3% der Bevölkerung sollen darunter leiden. Sigmund Freud hielt die Zwangsneurosen für das „wohl interessanteste und dankbarste Objekt der analytischen Untersuchung“. (Später teilte man diese Ansicht nicht mehr. Über Zwänge wird nicht mehr viel geforscht.) 1839 schon schrieb Esqirol über eine Kranke mit Zwangsvorstellungen: Sie hatte Angst, Dinge, die sie berührte, klauen zu müssen.

Die Inhalte sind unsinnig, schleichen sich ein, drängen sich auf. „Zwang ist, wenn jemand Bewusstseinsinhalte nicht loswerden kann“, definierte ein Forscher. Ein anderer gab sich richtig Mühe mit seiner Definition: „Störend, pathologisch und damit behandlungsbedürftig werden Denk- und Verhaltensmuster dann, wenn sie ein zumeist sehr variables und subjektives Intensitäts- und Häufigkeitskriterium überschreiten und dadurch eine deutliche Beeinträchtigung des Lebensvollzugs einer Person mit sich bringen.“ Die Unterlassung mancher Zwangshandlungen kann heftige Angst auslösen.

Wenn man andauernd auf dem Phone nachschaut, ob jemand geschrieben hat, wird sicher ein gewisses „Intensitäts- und

Häufigkeitskriterium“ überschritten, der Lebensvollzug wird beeinträchtigt, und es nicht zu tun, löst Angst aus. Aber es handelt sich nicht um seltsame Denkmuster, und unsinnig ist es auch nicht. Es ist sogar irgendwie logisch, nachzuschauen; es könnte ja jede Sekunde jemand schreiben. Es handelt sich um einen Zwang, der im System steckt. Andererseits dienen diese Mechanismen, die heute „Zwangsstörungen“ heißen, der Angstregulierung. Sind wir nun zwangsgestört oder nicht?

Der Mensch ist im Unterschied zum Tier arm an Instinkten. Als das Mangelwesen, das er ist, braucht er Kommunikation. Mit ihr gehört er zu einer menschlichen Ordnung mit Normen und Regeln. Das gibt Orientierung. Die „primären Anderen“ repräsentieren diese Ordnung, die man auch Kultur- oder Sprachgemeinschaft nennen könnte. Nun wirken die Triebe. „Triebhaftes ist immer in Kommunikationsprozesse verwoben“ und werde symbolisch ausgedrückt, schreibt ein Psychologe[19]. Menschliche Bedürfnisse sind Forderungen an den anderen: An einen anderen, der spricht und antwortet und diesen Bedürfnissen erst Orientierung gibt.

Nur in einer humanen Ordnung hat das instinktverarmte Menschenwesen eine Überlebenschance. Der „Andere“, der gewissermaßen suchtartig gesucht wird, ist häufig der Lebensgefährte, ein naher Verwandter oder auch ein Vorgesetzter, ja, der eigene Körper: Dieser „dominierende Andere“ (Arieti 1977) kann aber auch Firma, Institution und Gruppe sein. Wir wollen dazugehören. Das ist die Suche in der Sucht

19 Singer Kaplan, Sexualaversion ... (1988), S. 38/39/76

danach, alles mitkriegen, nichts verpassen zu wollen. Die Flucht ist die vor uns selbst: Wir sind bereit, uns zu verleugnen, um dazuzugehören.

Die Sozialen Medien verschärfen die ewige Angst der Teens, nicht mehr dabei zu sein. Sie gehen zu weniger Parties und verbringen weniger Zeit zusammen, aber wenn sie einmal zusammen sind, dokumentieren sie ihr Dabeisein ungehemmt – auf Snapchat, Instagram oder Facebook. Diejenigen, die nicht eingeladen waren, bekommen das zu spüren. Daher hat die Zahl der Teens, die sich nicht mehr zugehörig fühlen, einen noch nie gekannten Höchststand erreicht. Wie das Gefühl der Einsamkeit ist auch das Gefühl, ausgestoßen zu sein, signifikant gestiegen.

Bei Mädchen ist dies besonders auffallend. 2015 sagten 48% mehr Mädchen als fünf Jahre zuvor (2010), sie fühlten sich ausgegrenzt, während es bei Jungen 27% waren. Mädchen nutzen die Sozialen Medien häufiger, was ihnen zusätzliche Möglichkeiten gibt, sich ausgeschlossen und einsam zu fühlen, wenn sie erfahren, dass sich ihre Klassenkameradinnen ohne sie treffen.

Die beste Freundin ist wichtig, um sie ist ein Kult entstanden. Die Mädchen verabschiedeten sich 2016 in der online vernetzten Gruppe mit *ich liebe dich*, was noch 2004 undenkbar war. 5000 Profile und andere Daten aus mehreren Ländern untersuchte Martin Voigt für seinen Beitrag „Voll Hübsch Süße!“und schildert, wie sehr „befreundete Mädchen einer bestimmten Altersklasse einander gleichen, wie fixiert sie auf ihre Smartphones sind und wie oft sie sich aneinander schmiegen, um sich gemeinsam zu fotografieren."

Von 2006 bis 2008 gingen die Cliquen online, Schüler-VZ entstand, und nun ging es um „messbare Zugehörigkeit und Beliebtheit".

Voigt hat beobachtet: „Gefühlsbetontes Beziehungshandeln, neue Profilfotos und kleine Dramen in Mädchencliquen prägen die tägliche Interaktion. ... Das angepasste Mitmachen in den schülernahen Netzwerken ist kein Freizeitvergnügen, sondern soziale Notwendigkeit. ... Selbstdarstellung und Beziehungsarbeit laufen Hand in Hand."[20] Der Spielraum für die individuelle Gestaltung sei gering, allerdings sei das Inszenierte mit seiner emotionalen Sprache durchaus authentisch und werde verinnerlicht. So etwas gibt es also auch: Statt Punkte zu machen und zu repräsentieren – ein *ich liebe dich, ich vermisse dich und ich bin immer für dich da* in einem Eintrag auf dem Gästebuch oder der faszinierte Kommentar *boooooah connie hör mal auf so schön zu sein!*

Filterblasen

Jeder lebt in seinem eigenen Universum. Darin macht man es sich gemütlich. Gegensätzliche Ansichten will man nicht haben. Man ignoriert sie, kontert sie nieder oder geht argumentativ so mit ihnen um, dass man am Ende Recht behält.

20 Voigt, Voll Hübsch Süße!, Kritische Ausgabe S. 102/104

Das war schon immer so. Sogar Zeitungen mit „Qualitätsjournalismus“, die sich weltoffen geben, bringen eher Artikel, die den Ansichten ihrer Leser entgegenkommen. Vorurteile werden so bestätigt, und die Korrespondenten „wissen“, was durchkommen kann, was vom Redakteur genehmigt wird. Plötzlich spüren wir, dass viele Zeitgenossen im Gespräch bloß ihre Meinung (oder ihren Ärger) loswerden wollen. Sie wollen keine Rechtfertigungen von uns, sie hören uns gar nicht zu: Als würden sie einen verbalen Twitter abfeuern. War das auch schon immer so? Seit es den Ausdruck Filterblase oder „Filter bubble“ gibt, ahnen wir jedenfalls, dass wir in ineinander verschachtelten Blasen leben.

Zivilisation kann man nach Norbert Elias als den Übergang von Fremdzwängen zu Selbstzwängen deuten, haben wir gehört – die „Schere im Kopf“. Heute werden uns „ähnliche“ Produkte als Werbung zugespielt und „das könnte Sie auch interessieren“. Es ist alles an Wissen verfügbar, doch manches nicht so leicht zu finden; man muss wissen, was man sucht. Keiner kann wissen, was an spannendem Wissen er oder sie verpasst, wenn man nicht vorurteilsfrei auf die Suche geht. Das kostbare Wissen zu verpassen, ist die wahre Tragik, die aber keinen Menschen interessiert.

Filterblasen überall. Eine Blase war die Immobilienblase in den USA, die sich enorm aufblähte und 2008 platzte – mit ernsten Folgen für die Weltwirtschaft. Derartige Blasen kommen zustande, weil alle auf den Zug aufspringen und ihn bloß nicht verpassen wollen. Aktien sind dann überbewertet, und das Preisniveau steigt, bis die Lokomotive keine

Power mehr hat und die Kurse einbrechen. Es war der Herdentrieb, angetrieben durch FoMO, der den Erfolg zu groß werden ließ.

Oder etwas ist passiert. Alle sind gleich dabei, von nichts anderem wird gesprochen. Elektronische Medien vervielfachen blitzschnell die Informationen und vereinfachen die Welt, und alle imitieren einander und schreiben und senden vom selben Ereignis. Diese Blase sackt, wenn das Attentat oder das Unglück vorbei ist, in sich zusammen – und die nächste bereitet sich vor.

Andere Blasen blähen sich und halten; sie platzen nicht, sie halten uns gefangen. Jeder in seiner eigenen „Filter bubble“, die Schichten bleiben unter sich ... da gibt es Menschen, die nie von King Crimson oder Michel Foucault gehört haben, und ich hörte erst kürzlich den Song „Atemlos durch die Nacht“ von Helene Fischer, der angeblich seit vier Jahren Hörer verzaubert.

Alles ist möglichst „abgedichtet“ gegen andere Meinungen, die, wenn sie laut werden, niedergebrüllt werden müssen. Hoher Aggressionsstau, erhitzte Diskussionen, ja, die ganze Welt kocht mittlerweile vor sich hin und heizt sich auf. Es fehlt an Öffnungen zur Transzendenz, alles dreht sich immer schneller um sich selbst, und beim Klima haben wir den Rückbau womöglich verpasst. Wir wissen gar nicht, was wir alles verpassen, während wir uns vor dem Verpassen fürchten.

Die krassesten Folgen betreffen die schwächeren Glieder der Gesellschaft: die Teenager. Die zwischen 1995 und 2012 Geborenen können sich nicht an eine Zeit ohne Internet erinnern, sie wuchsen mit dem Smartphone auf. Die amerikanische Psychologin Jean M. Twenge nennt sie „iGen“, wohl eine Verkürzung von iPhone-Generation, und andere Autoren sprechen von der „Generation Z“, weil vor ihnen die Generation Y die Welt betrat (zwischen 1980 und 2000), die wiederum die „Boomers“ ablöste. Die von der Generation Y werden zuweilen auch als die „Millennials“ bezeichnet – Geburtsjahr zwischen 1980 und 1990 –, die um die Jahrtausendwende ins Arbeitsleben traten.

Der Alltag der iGen wird vom Smartphone geprägt und veränderte alles, was man bis dahin wusste, und Twenge gab ihrem Artikel in der Zeitschrift „Atlantic“, erschienen im September 2017, den provozierenden Titel „Haben die Smartphones eine ganze Generation zerstört?“[21]

Twenge behauptet, es sei nicht übertrieben festzustellen, dass die iGen an der Schwelle einer der „schlimmsten psychologischen Krisen seit Jahrzehnten“ stünden. Viele der Probleme seien auf das Smartphone zurückzuführen. Seit 2011 sei die Selbstmordrate bei den Teens in den USA beängstigend angestiegen, und die Phones und die Social Media hätten ein Erdbeben einer derartigen Stärke verursacht, wie wir es schon lange nicht mehr gesehen hätten. So stieg in Großbritannien die Zahl der Mädchen, die nach Selbstverletzungen ins Krankenhaus kamen, von 10.500 im Jahr 2007 auf 17.500 zehn

---

21 Twenge, Have Smartphones Destroyed a Generation? (2017)

Jahre später, ein Anstieg um 68%, der bei Jungen nur bei 26% lag.[22]

Allein mit dem Smartphone, fühlt man sich manchmal klaustrophobisch. Das ist die depressive Filterblase, und aus der muss man schleunigst raus! Ins Freie, sich Wind um die Nase wehen lassen, neue Inputs, damit die dunklen Gedanken verfliegen – und sie sind schnell weg, wenn man etwas zu tun hat. Man muss die direkten Folgen auflisten, die alle indirekt auf die Furcht zurückzuführen sind, den Anschluss zu verlieren, nicht mehr dazuzugehören – das Leben zu verpassen.

Zu wenig Schlaf

Belegt sind die Gefahren, zu wenig zu schlafen. Jüdische Mystiker wollten immer wenig schlafen und in den Nächten die Tora studieren. Internet-Mystik! Und man bewegt sich zu wenig. Letzteres trifft auf die meisten Europäer zu, vielleicht sogar auf die meisten Weltbürger.

Im Juli 2014 überhitzte sich ein Handy und verschmolz zum Glück nur mit der Bettdecke eines 13-jährigen Mädchens. Das führte zur landesweiten Angst, ein Handy könne sich spontan selbst entzünden. Jean Twenge, die Psychologin, war aus anderen Gründen irritiert. Warum würde jemand mit einem Handy als Bettgenossen schlafen? Sie fragte ihre Schüler der San Diego State University, wie sie es in der Nacht mit

22 Stress and social media fuel health crisis ..., The Guardian

dem Handy hielten, und alle bestätigten, es bei sich zu haben. Das Handy war das letzte Objekt, das sie vor dem Einschlafen sahen, und das erste, das sie nach dem Aufwachen konsultierten. Damit sie ja nichts versäumen. Natürlich diente es ihnen auch als Wecker.

Es darf vermutet werden, dass ein Teenager allein in seinem Zimmer leicht der Versuchung erliegt, sein Smartphone abzuhören. Das raubt Zeit, die bei den Hausaufgaben dann fehlt. Also erledigen sie die noch rasch nach Mitternacht.

Viele Teens schlafen weniger als sieben Stunden in der Nacht, stellte Twenge fest. Sie sollten aber neun Stunden Schlaf haben, meinen Fachleute. Alles andere wäre Schlafentzug, unter dem im Jahr 2015 jedoch 57% mehr Teens litten als 1991. In den vier Jahren von 2012 bis 2015 war der Entzug besonders bemerkenswert.

Schlafentzug ist mit vielen Einschränkungen verknüpft, wozu schlechteres Denken und Argumentieren zählt, Anfälligkeit für Krankheiten, Gewichtszunahme und hoher Blutdruck. Zu wenig Schlaf beeinträchtigt auch die Stimmung: Depressionen und Ängste drohen.

Zu wenig Bewegung

Schon vor Jahren erzählte mir ein Schweizer Grundschullehrer, seine Schülerinnen und Schüler hätten Probleme, einen

Purzelbaum zu schlagen, einen Handstand zu fabrizieren oder mit dem Rad zu fahren. Die Kids werden oft mit dem Auto zur Schule gefahren, es gibt zu wenig Spiel- und Freizeitmöglichkeiten (weil überall Autos umherrasen), außerdem ein fehlendes Bewegungs- und Gesundheitsbewusstsein, Zeitmangel sowie ein unzureichendes Sportangebot im Lebensumfeld der Kinder und Jugendlichen. Die „Natur" hat keine Bedeutung mehr. Sie liegt unter Asphalt begraben oder ist der schüttere Rasen mit dürrem Baum hinter der Bushaltestelle.

Doch auch die Vorbildfunktion der Eltern spielt eine entscheidende Rolle. Es ist wissenschaftlich belegt, dass Kinder von sportlich aktiven Eltern häufiger Sport treiben als Kinder von sportlich inaktiven Eltern. Die Gemeinschaftsinitiative „Fit sein macht Schule" kam in Deutschland bei einer Untersuchung von mehr als 20.000 Grundschulkindern zu dem Resultat, dass die körperliche Fitness seit dem Jahr 1995 bei Jungen um 20% und bei Mädchen sogar um 26% zurückgegangen ist. So erreicht in Deutschland nur etwa jeder vierte Junge und jedes sechste Mädchen das Bewegungspensum von einer Stunde täglich, das von der Weltgesundheitsorganisation (WHO) für die Erhaltung der körperlichen, seelischen und sozialen Gesundheit und zur Vorbeugung vor Krankheiten empfohlen wird.

Damit leben sie wie ihre Eltern. In Deutschland gaben 2016 bei einer Forsa-Umfrage 60% an, selten oder gar keinen Sport zu treiben. 18% wenden bis zu drei Stunden in der Woche dafür auf und 22% mehr als fünf Stunden. Man mag's bequem. Die erfolgreichsten Produkte seit dem Ende des Zweiten Weltkriegs, die in alle Haushalte Einzug hielten – das Automobil, das Fernsehen, der Computer und das Handy –, lassen sich ohne großen Körpereinsatz bedienen und haben alle Suchtpotenzial (allerdings auch ein Buch!). Zivilisationskrankheiten sind die Folge, von denen nur Ärzte, Apotheker und Psychologen profitieren.

Der Papa sitzt auf der Couch, aber die Kinder vergraben sich in ihren Zimmern und geben sich Computerspielen hin, und dabei essen sie noch so vor sich hin, was Übergewicht und weiteres Unglücklichsein zur Folge hat.

Schon Auto und Fernsehen haben unser Innenleben umformatiert; die Konsumwelt hat nicht viel mit Geist am Hut, sie beschäftigt das Bewusstsein nur so viel wie unbedingt nötig, um es zu fesseln, und der Körper kann schauen, wo er bleibt. Er wird zum Gestell, um das Gehirn zu tragen, und die Hand soll das Smartphone halten. Wir sind nicht mehr geerdet, wir schweben konstant in den Wolken. Kein Wunder, dass die Koordination der Extremitäten darunter leidet.

Stress/Burnout

Bei der Furcht, etwas zu verpassen, will man ja nichts verpassen. Vermeiden hieße da: Nichts vermeiden, überall präsent sein, auf allen Hochzeiten tanzen, jede Chance wahrnehmen, sich zerreißen, um nichts zu verpassen. Klingt nach maximalem Stress und einem Rezept für Überforderung und Burnout. In einer Studie der Wirtschaftsprüfungsgesellschaft EY für Fach- und Führungskräfte gaben 43% der Befragten an, durch die zunehmende Digitalisierung der Arbeitswelt sei für sie der Stress im Beruf gestiegen; 5% nur sahen es positiv.

Das „Ausgebranntsein“ ist keine Diagnose, sondern eine Mischung aus Symptomen, und wurde 1974 erstmals von Richard Freudenberger so bezeichnet und bei Arbeitenden in sozialen Berufen festgestellt. Vielleicht ist der Burnout auch eine Spezialität in Deutschland, wo Neuankömmlinge schnell feststellen, dass mit unterschwelligem Stolz über „Stress“ geklagt wird. Aber er ist real.

2015 ermittelten die deutschen Betriebskrankenkassen, dass 15 Prozent der Krankschreibungen auf seelische Ursachen zurückgingen; nur Muskel-Skelett-Erkrankungen mit 27 Prozent waren häufiger. Die Erkrankten fehlten im Durchschnitt 39 Tage, und bei der Diagnose Burnout fehlten die Mitglieder der Kassen in Nordrhein-Westfalen etwa 85 Tage, in Hessen 83 Tage.[23]

„Wenn die Welt so still ist, verpasse ich nichts“, schrieb Miriam Meckel 2010 über ihren Blick aus dem Fenster einer Klinik. Dorthin begab sich sich nach einem Zusammenbruch, einer persönlichen „Kernschmelze“, verursacht durch zu vieles Reisen und Informationsüberlastung. Sie leidet, wie sie erkennt, unter „zu viel Informationsinput“. Ihr Kopf sei „immer übervoll, und es gelingt mir nicht, einen Teil der Impulse und Gedanken so abzuleiten, dass ich mich auf den verbleibenden Teil wirklich konzentrieren kann“. Speicher und Prozessoren in ihrem Gehirn seien überladen gewesen. Fünfzehn Jahre ar-

23 BBK-Atlas zeigt ..., Die Welt, 2015

beitete sie wie wild und erkannte: „Ich habe keine Grenzen gesetzt, mir nicht und meiner Umwelt nicht, die zuweilen viel verlangt, mich ausgesaugt hat wie der Blutegel seinen Wirt."[24]

Stress, der den Menschen bis ins Privatleben begleitet, führt leicht zu Depressionen, die sich dann zu Erschöpfungszuständen ausweiten. Sie äußern sich auch körperlich: Durch Rückenschmerzen, Verspannungen, Neigung zu Unfällen und Appetitlosigkeit. Es war ja einige Seiten zuvor erwähnt worden, dass in den Klassen fünf bis zehn die Hälfte der Schülerinnen und ein Drittel der Schüler sich gestresst fühlen. Das macht die Schule, kann aber auch eintreten, wenn man sich unter Druck setzt, nichts verpassen zu wollen. Auch eine Schülerin kann unter Burnout leiden. Es reicht, dass es „Stress" mit einer guten Freundin gibt und die schulischen Leistungen zu wünschen übrig lassen. Dann ist sie alleine mit ihren Sorgen.

Einsamkeit und Depressionen

39% der „Millenniums"-Generation (nach 2000 geboren) und der „jungen Erwachsenen" (vor 2000 geboren) fühlen sich „allein mit ihrem Smartphone", besagt eine Studie der Dernos-Coop-Gruppe (2017). Ihr Suchtgerät ist magisch aufgeladen, scheint alles in sich zu tragen und ihr gesellschaftliches Leben strukturieren zu können – fast wie ein Mensch. Dabei ist ein Smartphone nur ein ziemlich weit entwickeltes

24 Meckel, Brief an mein Leben (2010), S. 15/39/92/93

Medium wie das Automobil, das zunächst nur Person A von B nach C zu Person D tragen sollte, von seinen Erbauern allmählich zu einem multifunktionellen fahrenden Ding hochgezüchtet wurde.

Jeder ist versunken in sein Mobilgerät. Ein Vorteil ist, dass man nicht alleine ist. Niemand muss sich unbehaglich fühlen, wenn er oder sie an einer einsamen Bushaltestelle sitzt und noch dreißig Minuten warten muss. Das Handy vertreibt einem die Zeit, und man sitzt nicht herum wie bestellt und nicht abgeholt. Das kleine Gerät, das einen Menschen des Mittelalters an eine Mini-Kristallkugel des Magiers erinnern muss, weil es Wunderdinge zeigt, wirft einen aber ständig auf das eigene Leben zurück. Alle sind auf eigene Faust im Netz unterwegs, wie auf der Suche nach dem Seelenheil. Die Szenerie erinnert zuweilen an Bilder aus der ersten Hälfte des 17. Jahrhunderts von Quercino und Caravaggio, auf denen die Menschen sich nicht aufeinander beziehen. Jeder schaut woanders hin, keiner weiß den Weg.

Allein mit dem Smartphone ... Spitzer hat nach seiner viel diskutierten „Digitalen Demenz“ ein Buch über die Einsamkeit vorgelegt und da wieder einmal *überspitzt*, doch es wird über sie gesprochen. In einer Befragung von 15- bis 20-jährigen beklagten sich 27% darüber, dass ihre Eltern immer auf ihr Smartphone schauten, zu wenig Zeit für sie hätten.

Nach einer anderen Studie leiden 56% von 2084 befragten US-Erwachsenen unter FoMO. Dann würden sich immer noch 8 von 100 elend fühlen und 14% nicht so besonders gut.

Eine ältere Meta-Analyse von Studien aus den Jahren 1998 bis 2008 ergab laut Spitzer: Die Nutzung digitaler Medien und des Internets gehen mit eingeschränktem Wohlbefinden und erkennbarer Depressivität einher. Meta-Analysen sind immer vielsagend, da sie die Ergebnisse vieler Studien auf einen Nenner bringen. Aber auch ein Ergebnis aus demselben Buch spricht Bände: Nur 10% von befragten Mädchen einer Zeitschrift gaben an, die Online-Freunde würde ihnen positive Gefühle vermitteln. Die Hälfte sagte, es seien negative.[25]

Die depressiven Symptome bei amerikanischen Jungen stiegen von 2012 bis 2015 um 21%, jedoch die der Mädchen um 50%. In Großbritannien fühlt sich jedes vierte 14-jährige Mädchen ungeliebt und leidet unter Einsamkeit und Selbsthass. Von 11 bis 14 Jahren, beim Einsetzen der Pubertät, sind viele mit ihrem Selbstbild nicht zufrieden, und mit 15 Jahren halten sich die Hälfte der 15-jährigen Mädchen auf den Britischen Inseln für zu dick, aber nur ein Viertel der Jungen, wie es bei der Weltgesundheitsorganisation hieß.[26] Dazu passen die Zahlen der Dr.-Sommer-Studie der Zeitschrift „Bravo“, bei der 2016 nur 52% der 11- bis 17-jährigen Mädchen zufrieden mit ihrem „Body“ waren, verglichen mit 67% der Jungen.

Sarah Brennan, Leiterin einer Hilfsorganisation, sagte der Zeitung „Guardian“: „Viele der Teenagermädchen, mit denen wir arbeiten, erzählen uns, dass sie von vielen Seiten unter Druck stehen. Besonders der Erfolg der Sozialen Medien führ-

25 Spitzer, S. 114/170
26 Stress and social media ...

te dazu, dass sie immer verfügbar sein müssen, Zustimmung in Form von ‚Likes' und ‚Shares' anstreben und sich immer den Bildern eines ‚perfekten' Körpers oder eines ‚perfekten' Lebens gegenübersehen, was es schwer macht, sich nicht mit anderen zu vergleichen."

Eine 13-jährige erzählte dem Psychologen Twenge, sie habe die meiste Zeit im Sommer damit verbracht, alleine mit ihrem Phone im Zimmer zu sein. So sei ihre Generation nun mal, sagte sie. „Ich glaube, wir lieben unsere Phones mehr als wir echte Menschen lieben ..." Auch das sei typisch. Treffen mit Freundinnen und Freunden hätten sich von 2000 bis 2015 um 40% reduziert. Weniger Kids sind unterwegs und chillen.

„Gestehe deinen Neid: Andere haben bereichernde Erfahrungen, und an dir gehen sie vorbei. Das ist die Angst davor, etwas zu verpassen, und sie führt zum ständigen Begehren nach dem Austausch mit den anderen und der Welt. ... Sie tanzen und trinken, während du draußen bist, nur mit dir allein. ... Online beobachten wir und werden beobachtet", schreibt Lovink. Jemand ist alleine und ruft, schreibend auf seinem Smartphone, hinaus in die Dunkelheit: Ist da jemand? Und jemand antwortet. Die Einsamkeit wird geringer, aber es ist nur ein Ersatz für echte Begegnungen, die man ja womöglich vermeiden will. Ist das Smartphone ein Gerät, das hilft, das gefährliche Näherkommen des Anderen zu verhindern?

Facebook verspricht uns jedoch, Verbindungen zu Freunden zu schaffen. Aber die i-Gen-Teens wirken in Twenges Analyse wie eine einsame, desorientierte Generation. Teens, die sich täglich in den Sozialen Medien herumtreiben, aber ihre Freunde seltener sehen, stimmen den Aussagen zu, sie fühlten sich „oft einsam", „oft nicht dazugehörig" und wünschten, mehr gute Freunde zu haben. Die Einsamkeit der Teens erreichte 2013 einen Höchststand, und das blieb seither so.

Alle haben mit sich selbst zu tun. „Selbstzentriert, narzisstisch, wetteifernd und individualistisch" seien die Studenten von heute, sagte die Leiterin einer Studie der Universität von Michigan, die verdeutlichte, dass sie um 40% weniger einfühlsam und hilfsbereit seien als ihre Kolleginnen und Kollegen vor zwanzig oder dreißig Jahren. Grund könnten die Medieneinwirkung sein, die zunehmende Konkurrenz und auch der Einfluss der Sozialen Netzwerke, wurde spekuliert. Die jungen Leute kapseln sich ab.[27]

Dabei entsteht, warnt Professor Federico Tonioni aus Rom, eine andere Art der Empathie: Die jungen Leute ließen Emotionen nur zu, wenn ihnen das passe, und erlebten sie abgetrennt vom eigenen Körper. Diese Negativ-Spirale könne mit den Jahren schlimme Folgen haben.

Tonioni leitet übrigens in Rom das „Kinder- und Jugendzentrum für die Psychopathologie des Web" der Università Cattolica del Sacro Cuore, das erst im Januar 2016 eingeweiht wurde. Die Universität gab als Ergebnis einer weiteren Studie bekannt, dass 11- bis 17-jährige Jungen selten andere verteidigen, wenn sie im „Web" angegriffen werden. Empathie mag

27 Empathie-Fähigkeit ..., Die Zeit (2010)

vorhanden sein, aber sie bleiben passiv und hoffen, dass sich das Problem von selber löst.[28]

Seit 2007 hat sich übrigens in den USA die Mordquote bei Jugendlichen verringert, während die Selbstmordrate angestiegen ist. 2011 gab es zum ersten Mal mehr Selbstmorde als Morde; Aggressionen richten sich gegen das Selbst. Man schiebt sich selbst die Schuld für das eigene Elend zu. In fünfundzwanzig der Vereinigten Staaten sind Selbstmorde von 1999 bis 2016 um 30% angestiegen, eine düstere Zahl, die kaum erklärt werden kann. Ist es eine spirituelle Leere, das gestiegene Tempo des Wirtschaftslebens, die hitzige Kommunikation bei gleichzeitiger Einsamkeit? Wir müssen nicht verzweifeln, doch es gibt eine gesellschaftliche Strömung, die individuelles Leiden trägt und gegebenenfalls verstärkt.

Man könnte erwarten, dass Teens so viel Zeit in den neuen Räumen verbringen, weil es sie glücklich macht, schreibt Twenge, doch die meisten Daten zeigten, dass dem nicht so sei. Eine Zukunftsstudie des „Nationalen Instituts für Drogenmissbrauch“ stellte seit 1975 den 18-jährigen (12th Graders) mehr als 1000 Fragen, und seit 1991 werden auch 14- und 16-jährige befragt. Wie glücklich sind sie? Wie verbringen sie ihre Freizeit mit verschiedenen Aktivitäten? Die Resultate sind deutlich: Teens, die überdurchschnittlich viel Zeit mit Aktivitäten vor dem Bildschirm verbringen, sind eher unglücklich, die anderen, die überdurchschnittlich nichts mit dem Bildschirm unternehmen, sind eher glücklich.

28 Sempre più soli

Einsam/gemeinsam

Wenn wir allmählich erwachsen werden, treiben uns zwei Bestrebungen an, die einander entgegenstehen. Das ganze Leben wird uns dieses Dilemma beschäftigen: Wir möchten zur Familie, zum Klassenverband, zur Freundesclique dazugehören, gleichzeitig aber eine eigenständige Person sein, ein Individuum, was „das Unteilbare“ bedeutet. Partizipation (Teilhabe) steht gegen Separation (Abtrennung). Wir wollen als Kinder – meinte Sigmund Freud – mit der Mutter verschmelzen, wenn wir männlich sind, und uns vom Vater abgrenzen, unserem Konkurrenten um die Liebe der Mama. Wir wollen mit dem Vater sein und unterschieden von der Mutter, wenn weiblich: Das ist der berühmte Ödipus-Konflikt.

Heute beobachten wir totale Partizipation bei gleichzeitiger totaler Separation: Mit allen verbunden durch das Smartphone, das man allein im abgedunkelten Zimmer betätigt. Das Gegenteil wäre der Einsame in der Menge: Viel Körperkontakt, aber ein Gefühl des Alleinseins. Können wir nicht einen Weg dazwischen finden?

Das Dilemma einsam/gemeinsam löst sich später scheinbar ganz von selbst. Die Schulklasse geht auseinander, die Clique zerfällt, man geht von den Eltern fort, und es entstehen Einzelkämpfer auf der Suche nach Glück, die mit einem Partner und einer Karriere bei einer Firma das Muster der Eltern wiederholen. Doch immer wieder stellt sich die Frage neu:

Verschmelzen oder sich abheben? Der selbstbewusste Solist geht über Leichen und hinterlässt verbrannte Erde, um seinen Weg in der Wirtschaft zu machen; der Ängstliche gehorcht, eckt nicht an und möchte lieber dazugehören. Entscheidungen sind das eigentlich nicht. Wir sind eben, wie wir sind.

Der Eremit ohne Internet, der im Wald betet und mit Gott verschmelzen möchte, will und hat beides. Wer mit Fangruppen zu Auswärtsspielen seines Bundesligavereins geht und in anderen Städten Schaufensterscheiben zerschmeißt, will nur Gemeinschaft erleben und die Verschmelzung. Wir wollen dazugehören – so sehr, dass wir erpressbar werden.

Eric H. Erikson (1902-1994) ist durch sein „Stufenmodell der psychosozialen Entwicklung" bekannt geworden. Zwischen dem 13. und dem 20. Lebensjahr hat es der Jugendliche mit dem Problem „Identität oder Identitätsdiffusion" zu tun. Er hat vorher (hoffentlich) Werte wie Vertrauen, Autonomie, Initiative und Fleiß gelernt. Mit den körperlichen Veränderungen und neuartigen Ansprüche der Umwelt stellt er sich selbst infrage: Wer bin ich? Was ist meine Rolle?

Er zweifelt an Bezugspersonen und greift sie an, er sucht seinen Platz in der Gleichaltrigengruppe, der „Peer Group", setzt sich (hoffentlich) mit dem anderen Geschlecht auseinander und findet seine Rolle im Beruf. Die Frage lautet: Wer bin ich? Aus den gesammelten Erfahrungen und den bewältigten Krisen bastelt der Jugendliche eine „Ich-Identität" zusammen. Das geht gut, wenn man gute Erfahrungen gemacht und ein gesundes Selbstvertrauen erworben hat. Falls dies nicht der Fall ist, kommt es zu einer sogenannten Identitätsdiffusion, dem „Durchsickern“ von Identität. Solche Jugendliche schließen sich gerne Gruppen an, die über klare Strukturen verfügen. Unser Bedürfnis nach anderen könnte eine Art Kapitulation sein: Eine Hingabe oder Hinnahme, die wir uns als Annahme verkaufen.

Der Amerikaner Jaron Lanier benennt das griffiger mit einem Schalter, den man entweder auf „Einzelgänger“ oder auf „Rudel“ stellen könne. Steht er auf „Rudel“, könne man schnell blind werden für alles andere, was sich vor seiner Nase abspiele. Das Schwarmverhalten herrscht, das einmal Craig Reynolds für Vögel analysierte, die ja in riesigen Schwärmen ungeheuer präzise und abrupt die Richtung wechseln können.

Einmal brachte ein Forscher im Jahr 2007 dreihundert Freiwillige in einer Halle zusammen, denen gesagt wurde, sie sollten nur in Bewegung und in der Gruppe bleiben. Das erinnert an die Fahrraddemonstration „Critical Mass“, bei der es keinen „Leader“ und die Hoffnung gibt, dass die Gruppe urdemokratisch sich selbst steuert. Nur: Bei dem Hallenexperiment waren einige Teilnehmer dahingehend instruiert, sie sollten das Kollektiv an einen bestimmten Punkt führen. Die Mehrheit folgte widerstandslos.

Besser ein einsamer Wolf sein, wenn man schon nicht der Leitwolf sein kann; denn im Rudel geht es hart zur Sache, und nicht umsonst verbreitete sich der Spruch „Homo homini lupus“ – der Mensch ist dem anderen Menschen ein Wolf.

Unaufmerksamkeit

Die User sind aufmerksam! Sie achten peinlich genau auf das, was in den sozialen Netzwerken bei dem, was sie angeht, abgeht. Sie sind eben nicht richtig hier, weit weg vom Hier und Jetzt, und das ist neu. Es gab früher den Begriff des „zerstreuten Professors“, der vielleicht über einen Satz von Hegel nachdachte und sich darum zwei unterschiedliche Schuhe anzog. Dichtern, Mathematikern und Erfindern verzieh man ihre Alltagsuntüchtigkeit, sie lebten eben „in einer anderen Welt“, und Verliebte waren sowieso entschuldigt. Der Geist geht halt seltsame Wege, wurde aber geachtet, doch nun sind alle infiziert und leben in einer anderen Welt meist geistloser Botschaften von Nirgendwo: Wo bist du, was machst du, geil hier, komm doch zu uns ins Soho.

In der Frühzeit des Kapitalismus durften sich die gequälten Arbeitssklaven zerstreuen, Unterhaltung sollte die nervtötende Fabrikarbeit vergessen machen. Von ihr wollte man sich ablenken, damit die „Reproduktion der Arbeitskraft“ gelänge. Als die Arbeit menschlicher wurde, brauchte man keine Ablenkung mehr. Die Zerstreuung machte sich dennoch breit: Durch die Vielzahl der Produkte, zwischen denen der Konsument sich entscheiden musste, und die Angebote der pulsierenden „hochkapitalistischen Großstadt“.[29]

29 Adorno, Negative Dialektik (2003), S. 460

Die Unterhaltung machte sich selbstständig und spielte sich auf, bis die Arbeit als Ablenkung von Fußball und Hollywood betrachtet werden konnte, und nun beansprucht so viel unsere Aufmerksamkeit, dass wir gar nicht mehr wissen, was uns wovon ablenkt, was das „real thing“ ist. Alle Kanäle sind voll, wir werden zugeschüttet mit Werbung und Bildern, und bei der letzten Fußball-Weltmeisterschaft sah man, dass jede freie Sekunde mit der Zeitlupe oder Superzeitlupe der letzten Spielszene gefüllt wurde, damit ja keine leere Zeit eintrat. Der Schnitt von Filmen ist so stakkatohaft geworden, dass man keine Chance hat, gedanklich abzuschweifen: Totale Konzentration wird verlangt. Fernsehen verdoppelt nicht nur die Wirklichkeit, es manipuliert und intensiviert sie. Es fällt über uns her und hämmert auf uns ein, bis wir willenlos geworden sind.

Jaron Lanier, der amerikanische Internet-„Vordenker“, nennt Facebook und andere „Schadprogramme“: „Sie beherrschen die Aufmerksamkeit so vieler Menschen über einen so großen Teil des Tages, dass sie zum Torwächter des Gehirns geworden sind.“[30] Wir sind besessen. Und was nicht geschehen soll – dass wir etwas verpassen –, passiert genau deswegen. Wir verpassen das echte Leben. Oder das halbe.

„Wer nur auf sein Smartphone schaut, verpasst das halbe Leben“, und damit zitierte Manfred Spitzer – er muss einfach zitiert werden, hat er doch mit „Digitale Demenz“ (2012) und „Cyberkrank!“ (2015) Pionierarbeit geleistet – den Fotografen Eric J. Smith, der einen Segler ablichtete, der

30 Lanier, S. 167

wegen des Blicks auf das Smartphone einen Wal vor seiner Nase übersah ....

Ein venezianischer Gondoliere fotografierte vier Asiaten, die bei der Fahrt durch die Kanäle einträchtig in ihre jeweiligen Smartphones blickten; aber ein guter Freund fotografierte auch einen Gondoliere, der beim Schwung unter einer Brücke hindurch nicht den Blick von seinem iPhone lassen konnte. Nichts ist anscheinend interessant genug, die Informationen aus dem Netz übertrumpfen zu können.[31] Nicht einmal Venedig.

Von „organisierter Ablenkung“, „mentaler Unterwerfung“ und „Desorganisation des Willens“ schreibt Geert Lovink in seinem Essay „Epidemie der Ablenkung“. „Ich möchte weggehen, aber ich kann nicht. Es gibt mir so viel, aber es langweilt mich auch. Es ist nützlich, aber auch abstoßend“, so gibt er den Netzwerkeffekt wieder. Jeder ist dabei – oder zumindest glauben wir das.[32]

Ist diese Ablenkung eine Art Weltabkehr? Ist das Eskapismus? Die Welt der Freundesbotschaften ist anscheinend wichtiger als die Stelle, an die wir unseren Fuß setzen, oder das Sofa, auf dem wir sitzen. Wir sind wie telepathisch untereinander verbunden, und das zieht unseren Geist aus der Gegenwart heraus. Von Sokrates wurde berichtete, er sei plötzlich auf der Straße stehengeblieben oder habe Worte gemurmelt, weil ihm gerade sein „Dämon“ etwas mitteilte,

31 Spitzer, S. 55
32 Lovink, Epedemie der Ablenkung, S. 179

und er folgte ihm immer. Ludwig Staudenmaier, Professor in Freising, experimentierte mit den Stimmen, die er in sich hörte, und „erschuf“ Teilpersönlichkeiten, die untereinander stritten, bis er 1933 in Rom starb. Dies zur Pathologie des Stimmenhörens.

Hier sein! Der niederländische Schriftsteller Hans Schnitzler schildert in seiner „Kleinen Philosophie der Digitalen Enthaltsamkeit“ die Entzugssymptome bei seinen Schülern an der Amsterdamer „Bildung Academie“, wenn sie das magische Erlebnis eines Parkspaziergangs ohne Instagram-Schnappschüsse entdecken.

Wir unterbrechen unser Tun, um unsere Mails abzufragen; alle elf Minuten unterbricht ein gewöhnlicher Mitarbeiter seine Arbeit deshalb. Neuere Studien zeigen, dass auch Führungskräfte öfter nachgucken, wer ihnen möglicherweise geschrieben hat. Die unter 30-Jährigen schauen mehrmals in der Stunde nach, einer von zwanzig kontrolliert sein Phone alle zehn Minuten. Erklärt wird uns: „Asketisches Verhalten beim Gebrauch digitaler Medien ist zum sicheren Karrierekiller geworden, zum Stolperstein auf dem Weg durch das Berufsleben im digitalen Zeitalter. Wer nicht mitmacht, fällt aus der Gesellschaft heraus.“[33]

Wir lassen uns dauernd ablenken. Wovon? Von unserem gegenwärtigen Tun, weil anscheinend der nächste Post einer Freundin wichtiger ist. Doch dadurch geraten wir aus dem Tritt. Nach einer Studie von Gloria Mark brauchen wir

33 Hofstetter, Sie wissen alles (2010), S. 224

nach einer Unterbrechung über dreiundzwanzig Minuten, um wieder zu unserem ursprünglichen Konzentrationslevel zurückzufinden.[34]

Immerzu nachschauen zu müssen, zeigt, dass wir zu sehr an der Oberfläche leben. Wir denken und schreiben, und dabei meldet sich ab und an eine innere Stimme: Schau nach! Am Tag schaut der User im Durchschnitt 75 Mal nach, die Spitzen liegen bei 150 Abrufen.

Wer in eine Aufgabe richtig eintaucht, verliert sich in ihr, vergisst die Welt, wird zum Automaten. Das ist ein glückliches Gefühl, sagen Menschen (und Künstler), die das kennen. (Vielleicht würden Psychologen auch sagen: Das ist krankhaft.) Das Schauen nach Mails verhindert jedoch zielsicher das Versinken, das Sich-Versenken in die Aufgabe, und das echte Versinken in die Aufgabe würde das Schauen nach Mails verhindern. Da meldet sich, während wir arbeiten, immer wieder ein nagendes, klagendes Stimmlein: Und wenn dir gerade jetzt jemand schreibt? Wenn du gerade in diesem Moment eine wichtige Botschaft bekommen hast? Warum wird dieses Stimmlein laut? Vielleicht haben wir nicht den richtigen Job, den, den wir „leidenschaftlich" ausüben?

Schon der Franzose Pascal bemerkte vor 400 Jahren, dass sich der Mensch zerstreuen müsse. Er brauche etwas, das sein Bewusstsein beschäftige, sonst würde er unglücklich. Die richtige Aufgabe ist wie eine starke Droge: Sie frisst einen auf, man gibt sich ihr hin, man vergisst sich und Hunger und

34 Silberstein, S. 206

Durst, man macht immer weiter ... Seltsam, dass das Sich-Verlieren glücklich machen kann. Wie wenn man jemandem hilft oder jemandem etwas schenkt. Arbeiten kann wie eine Liebesaffäre sein. Wenn man aber zu viel hineinpackt, kehrt sie sich gegen einen.

Da rennen Leute mit Knöpfen in den Ohren durchs Land, hören Techno, und joggend tippen sie auch noch auf ihrem Phone herum: multi-tasking. Sie sind abgedichtet gegenüber der Außenwelt. Jede der drei Tätigkeiten gäbe dem Bewusstsein genug zu tun. Aber wenn man seine Aufmerksamkeit drittelt, hat man alles nur zu einem Drittel erlebt. Man versucht damit, die Zeit noch besser zu überlisten, doch das hat seinen Preis. Er ist die Furcht, etwas zu verpassen.

„Wer viel Multitasking betreibt, trainiert sich eine Aufmerksamkeitsstörung an; wir können das nicht, zwei komplexe Dinge gleichzeitig zu erledigen", meint Spitzer. Das vertrat Miriam Meckel in ihrem Buch „Das Glück der Unerreichbarkeit" auch, und doch, gibt sie zu, „habe ich irgendwann angefangen, alles gleichzeitig zu tun. ... Über all das habe ich geschrieben. Zwischen Wissen und Anwenden klafft im Leben häufig eine tiefe Kluft."[35] Die klaffende Kluft führte bei ihr zu einem brummenden und übervollen Kopf, zu vielem Gedudel ohne Führungsmelodie.

Im 24. Lehrsatz seines Samurai-Lehrbuches „Hagakure" spricht sich Jōchō Yamamoto (1668-1719) gegen das Multitasking aus: „Es ist verfehlt, seinen Geist zur selben Zeit auf

35 Meckel, S. 15

zwei Dinge zu richten. Man muss die eigene Energie vollständig auf den Weg des Samurai lenken.“[36] Der vollständige Mensch brauche kein Spezialwissen, er verkörpere gleichsam den Geist, die Aktion und die Prinzipien, auf denen das Reich basiert. Er solle sich nie beklagen und stets Würde und Stolz zur Schau tragen.

Multitasking ist nur ein anderes Wort für konzentrierte Ablenkung, so absurd das klingt. Der Psychologe Pepper aus San Francisco nennt Multi-Tasking „Semi-Tasking“, da man, wenn man mehrere Dinge gleichzeitig beobachtet, nur die Hälfte hinkriegt. Wir schauen hin, wenn brummend oder piepend eine neue Botschaft eintrifft, und hier reagiert das Gehirn wie früher, wenn eine tödliche Gefahr drohte. Was uns damals beschützte, schloss Professor Pepper, werde nun bei banalen Informationen aktiviert.

Sogar der amerikanische Professor Michael Sandel – ein Star der Philosophie, dessen Online-Vorlesungen ein Renner sind – verbietet in seinem Unterricht den Studenten, elektronische Geräte zu benutzen. Er sagte in einem Interview: „Die Nutzer glauben, sie müssten permanent auf ihr Gerät schauen, um zu sehen, ob etwas passiert ist.“ Dies sei eine Gewohnheit, deren Folgen zerstörerisch auf unser gesellschaftliches Leben wirken“; die Fähigkeit, aufmerksam zu sein, werde damit untergraben.

36 Mishima, La via del samurai (2004), S. 103

Tod durch Texten

Der große Filmregisseur Werner Herzog machte 2013 einen 35-Minuten-Film über die tödlichen Folgen der Smartphone-Abhängigkeit. Er heißt *From One Second to the Next* und ist im Internet auf Englisch verfügbar. Der Film sollte an den amerikanischen Schulen gezeigt werden, als Warnung vor *texting and driving*. Es ist ja ein furchtbarer Gedanke, dass Schreiben töten kann und alle Schriftsteller und Schreiber dieser Welt zum Ausgleich dafür nicht so viele Leben retten können. Das mag vielleicht auch Werner Herzog gequält haben.

Xavier ist nun acht und gelähmt von der Brust abwärts. Eine Frau textete etwas und fuhr ihn ungebremst mit dem Auto nieder, riss ihn von der Hand seiner Schwester. Der Schulbesuch, jeder Handgriff, alles ist unglaublich mühsam, und es gibt keine Hoffnung auf Besserung.

Debbie steht da und schaut den Booten zu, sie kann den Hof nicht verlassen. Eine Fahrerin rammte die Frau, als sie ihren Hund ausführte. Früher war sie weltweit unterwegs, eine aktive Frau, und es breche ihr das Herz, sagt ihre Schwester, sie jetzt so zu sehen. Die Behandlung hat schon über eine Million Dollar gekostet. Die Fahrerin wurde zu dreißig Tagen Gefängnis und fünf Monaten Hausarrest verurteilt.

Chandell saß am Steuer seines Vans und textete *I Love You* an seine Frau, und eine Sekunde später rammte er von hinten das

Pferdefuhrwerk mit einer Amish-Familie; die Mutter und ihre beiden Kinder wurden hinausgeschleudert und starben. Vater Martin schrieb dem Fahrer, der immer wieder aufwacht und alles für einen bösen Traum hält, später einen versöhnlichen Brief.

Megan hat Reggie auch vergeben. Sie ist die Tochter eines Mannes, der durch Reggie sein Leben verlor, weil dieser etwas schrieb, ein Auto streifte, das dadurch auf die andere Straßenseite geriet. Zwei Männer starben so, und einer war Megans Vater, der mit ihr immer den Sternenhimmel betrachtete.

Ein Knopfdruck kann schon einer zu viel sein: Smartphones am Steuer sind zur Unfallursache Nummer Eins geworden. Im Nachbarland Österreich wurden die Unfallursachen Geschwindigkeitsüberschreitung und Alkohol bereits vor einigen Jahren durch die Smartphone-Ablenkung während der Fahrt abgelöst. Man geht von jährlich 500 Verkehrstoten bei 25.000 Verletzten in Deutschland allein durch das Thema Ablenkung am Steuer aus. Schon ohne Ablenkung beherrscht der Mensch ja sein tonnenschweres Fahrzeug nicht richtig. 1970, als es keine Sicherheitsgurte und Airbags gab, starben 20.000 Menschen auf deutschen Straßen. In den vergangenen Jahren sank die Opferzahl bei einer Vervielfachung der Zahl der Automobile drastisch, und man dachte, sie auf 2.000 senken zu können – bis die Kommunikationslust einen Strich durch die Rechnung machte. Texten kann töten.

Jährliche Online-Umfragen bestätigen, dass über 70% der Befragten das Smartphone während der Fahrt nutzen. Von ihnen gestehen 19%, dass sie das Handy regelmäßig während der Fahrt nutzen (Stand: September 2017). Egal ob man nun eine kurze SMS verfasst, ein Selfie macht oder sogar E-Mails während der Fahrt liest, eine kurze Ablenkung kann tödlich enden.

Ein Grundsatz steht im Straßenverkehr über allem: Der Fahrzeuglenker muss sein Auto jederzeit uneingeschränkt beherrschen (Art. 31 Abs. 1 SVG). Alles, was davon ablenkt, ist verboten (Art. 3 Abs. 1 VRV). Eine Hand ist beim Fahren immer am Lenkrad zu halten, die andere darf zur Betätigung des Blinkers oder etwa des Schalthebels freigemacht werden. Wer sich nicht daran hält, der kann mit einer Buße bestraft werden.

100 Euro kostet in Deutschland die Nutzung des Handys im Auto, 55 Euro auf dem Fahrrad. Eine Zunahme der Unfälle wegen Handy-Nutzung wird befürchtet. Bei einer Beobachtung von 14.000 Fußgängern zeigte sich, dass 17% durch ein Smartphone abgelenkt waren, und Fußgänger leben ohnehin gefährlich: 22% der tödlichen Verkehrsopfer 2017 waren zu Fuß unterwegs.

Selfies

Im Mai 2018 machte ein Tourist auf dem Loreley-Felsen ein Foto mit Selbstauslöser, trat zurück ... und stürzte in die Tiefe. Sechzig Retter kamen ihm zu Hilfe. Verführt durch die sagenhafte Loreley, deren Gesänge Schiffer verrückt machten, so dass sie mit ihrem Boot an den Felsen zerschellten. Die

Presse glossierte die Episode mit Vergnügen. In zweieinhalb Jahren kamen in Asien 127 Menschen um, während sie ein Selfie machten, sagt eine US-Studie. Das ist Kult; im Netz wird darüber diskutiert.

In der englischen Zeitschrift „Fortean times“ gab es immer die Rubrik „Strange deaths“ (seltsame Todesfälle), in der (gesammelt aus der Weltpresse) wahre Fälle kurz dargestellt waren, in denen jemand auf absurde Weise sein Leben verlor ... wie etwa Anfang Juni 2018 eine junge Joggerin vom Fahrzeug einer Bestatterfirma niedergestreckt wurde, die einen Sarg transportierte. Der Fahrer hatte das Bewusstsein verloren, beschleunigt und war auch tot. Um in die Rubrik „strange deaths“ aufgenommen zu werden, ist ein Tod beim Selfie mittlerweile nicht mehr „strange“ genug. Er zeigt nur, dass Menschen der gesunde Menschenverstand verlässt, wenn sie sich schön zu produzieren wünschen.

Ein junger Mann schoss im Juni 2018 auf einem italienischen Bahnhof ein Selfie und markierte das Victory-Zeichen – und dahinter lag am Boden das Opfer eines Zugunglücks, eine kanadische Studentin, die auf der falschen Seite ausgestiegen war und der hinterher ein Bein amputiert werden musste. Die Polizei war ratlos, da kein Gesetz verbietet, ein Foto zu machen, wird aber auch am emotionalen Verstand des jungen Mannes gezweifelt haben. Wo blieben da Pietät und Mitgefühl? Da war etwas passiert, er war mitten drin, und das musste er verewigen. Auch Autofahrer machen Fotos von Unfällen und fahren langsam, um ja alles mitzukriegen, weshalb die Rettungskräfte nicht durchkommen. Nichts verpassen! Aber unmenschlich ist das, wenn der Mensch zum Voyeur und zum Ego-Reporter wird.

Er zwingt auch andere, zu Voyeuren zu werden. Peinlich kann das sein. Viele lassen sich beim Leben zuschauen. Sie nehmen alles auf, posten Fotos, alles wird von ihnen registriert. Ihr Phone hat sie selbst vor dem Dogenpalast aufgenommen, ihr Hotelzimmer, das Bett, ihr Essen in der Trattoria. Es wird wie wild gepostet. Hier bin ich, das mache ich. Jeden Tag werden weltweit 350 Millionen Fotos auf Facebook hochgeladen (Stand Februar 2018).

Ich und der Dogenpalast. Ich und der Petersdom. Die historischen Gebäude sind der Hintergrund, kaum zu erahnen. Wir vor vierzig Jahren fotografierten noch Palazzi pur. War aber langweilig. Kann man sich sparen. Erst im Sommer 2015 fielen mir am Holmenkollen bei Oslo zum ersten Mal die „Selfie-Sticks" auf, und das Selfie war damals noch nicht lang in aller Munde. In einem bekannten griechischen Mythos erblickt der schöne Jüngling Narziss, nachdem er die süße Echo, die ihn liebte, in die Wüste geschickt hat (was sie nicht überlebte), im Spiegel eines kleinen Sees eine berückende Gestalt, in die er sich sogleich verliebt. Er streckt die Arme nach ihr aus, kann ihr aber nicht näherkommen. Narziss begreift bald: „Ich bin, merk' ich, es selbst. Nicht täuscht mich länger mein Abbild. / Liebe verzehrt mich zu mir; ich errege und leide die Flamme. ... Was ich begehre, ist mein. ... Dass ich vom eigenen Leib mich doch zu trennen vermöchte!" Narziss leidet, kommt sich nicht näher, schwindet „hin und vergeht allmählich vom inneren Feuer". Echo spielt ihm noch ein „Leb wohl“ zu, und dann: „Tod umnachtet den Blick, der bewundert des Blickenden Schönheit.“[37]

Narzissmus – die Selbstbespiegelung – kennzeichnet unser Internet-Zeitalter. Das Individuum steht auf dem Podest, das Ich wird großgeschrieben. Mit den Blogs fing es an. Jeder war Autor und Berichterstatter seines Lebens. Das griff auch auf den Journalismus über. Die Artikel im „Spiegel“ waren Jahrzehnte nicht gezeichnet, erschienen sozusagen anonym (auch wenn die Spiegel-Reporter und -Redakteure zu den bestverdienenden Journalisten im Land zählten). Heute steht unter jedem Artikel ein Name. Zeitungen stellen ihre Autorinnen und Autoren auch mit Bildern vor. In einer Reportage „Ich“ zu schreiben, ist längst kein Vergehen mehr, und sogar in wissenschaftlichen Arbeiten wird es geduldet. Ich bin wichtig.

Das Selfie zeigt eine Wahrheit: Es geht um mich und nicht um Venedig oder Rom. Ich will mich gewürdigt sehen, will nicht bloß ein Abknipser sein. Dennoch bleibt es Außenseite und Phänomen und ist nicht mehr als die Ansichtspostkarte von früher mit ihren vorgefertigten Texten: „Herzliche Urlaubsgrüße aus Jesolo. Wir haben viel Spaß, Gruß, Tante Inge und Onkel Otto.“

Du läufst durch eine Stadt. Eine Brücke, ein Palazzo, Käufer auf dem Markt im Morgenlicht, Besucher des Museums vor Bildern, eine Straßenszene ... und manchmal, wenn du viele Fotos machst, wenn du schaust und fotografierst und wieder schaust, nimmt das eine Eigendynamik an. Plötzlich denkst

37 Ovid, Metamorphosen, S. 64/65

du: Das noch, das auch noch, und das ... Der Gedanke ist da: Du müsstest alles dokumentieren, du müsstest tausende Fotos machen, alles ist es wert; es ist wie ein Rausch, eine Sucht. Die Vollständigkeit, die Perfektion, die Totalität des Lebens. Nichts verpassen.

Dokumentationen über vermüllte Wohnungen zeigen manchmal Menschen, die alles dokumentieren. Sie fotografieren unablässig alles, was ihnen vor das Gerät kommt. Eine Frau war als Kind nie fotografiert worden und holte alles nach, ihre Wohnung war voll mit Fotos in Schuhkartons und auf Stapeln; eine andere Frau schnitt alles mit, was sie am Radio hörte, und sie war eingekerkert in Gebirgen von Kassetten. Andere sammeln Zeitungen und sitzen vor bedrohlichen Bergmassiven aus Zeitungsstapeln. Das ist eine aus dem Ruder gelaufene Strategie, sich seiner Existenz zu versichern. Bin ich am Leben? Die Dokumente beweisen es. Sie müssen lückenlos sein. Ich darf nichts davon wegwerfen. Ich sammele, also existiere ich.

Wer daran denkt, welche Wirkung er erzielen möchte, ist abgelenkt. Er schielt auf die Wirkung von dem, was er tut. Beobachtet sich gewissermaßen selbst: Durch die Augen derer, die die „Posts" dann sehen. Auch das ist eine Suchtbewegung, die schwer zu stoppen ist. Alle werden zu Reportern ihres eigenen Lebens. Auch das ist ein Weg, nichts auslassen zu wollen und darzutun, dass man mittendrin ist, Held des eigenen Lebens. Dass man nichts verpasst. Und damit verpasst man die Begegnung mit dem eigenen Selbst, denn das öffentliche ist ja Schauspiel, aber der Narziss geht darin auf (und unter).

Truman Burbank, so hieß der junge, alerte Versicherungsmakler, der in dem Film „Truman Show“ von Peter Weir (1997) seit seiner Geburt von Millionen im TV in allen Lebenslagen beobachtet wird, ohne es zu ahnen. Wir haben damals nicht geahnt, dass es einmal eine Schwemme von Reality-Shows geben würde, die anscheinend auch oft manipuliert sind (sonst wäre es nicht Fernsehen). Und dass sich viele darum reißen würden, wie Truman Burbank zu sein, haben wir uns auch nicht vorstellen können. Es funktioniert prächtig: Auf YouTube sehen Jugendliche anderen Jugendlichen beim Leben zu, beim Alltag, beim Lieben, und die Stars spielen sich selbst ... was durch die beobachtende Kamera allerdings relativiert wird. Sie meinen, sich selbst zu spielen, während das Wissen um die Zuschauer ihr Verhalten verändert.

Vollständigkeit

Die Sammler sind potenzielle Messies – mit einem Plan. Sie spielen Gott und wollen in ihrem Fachbereich alles zusammenscharren, was es gibt. Museen haben denselben Anspruch. Sie wollen möglichst lückenlos den Weg eines Künstlers dokumentieren und nicht verpassen, dessen bekanntestes Bild auszustellen. Weite Säle mit Vitrinen und Werken erwarten uns, alles heilig, aber irgendwie tot. Museen konservieren, sind konservativ; da haben Dynamik und Chaos nichts zu suchen. Das sei aber auch eine „vollkommene Armutsmentalität“, meint der Buddhist. Wer sammelt, fühlt sich arm, will immer mehr, wünscht sich, mehr konsumieren zu können und immer mehr – wie hungrige Geister.

Der Mensch hat eben einen Hang zur Vollständigkeit – ganz oder gar nicht. Es hat sich die Meinung durchgesetzt, dass man sein Leben planen können muss wie einen Urlaub – am Reißbrett. Bertolt Brecht schrieb dazu seine „Ballade von der Unzulänglichkeit menschlichen Planens", ein Lied aus der Dreigroschen-Oper, das man auch singen kann: „Ja mach nur einen Plan! / Sei nur ein großes Licht! / Und mach dann noch nen zweiten Plan / Gehen tun sie beide nicht." Der Mensch hat's nicht drauf, er ist nicht gut, drum haut ihm „ruhig auf den Hut".

Auch ich will in jedem Buch mein Thema möglichst „erschöpfend" behandeln (und denke an nichts Anderes, alles muss hinein, es macht einen wahnsinnig! Ich bin FOMO! Und hinterher merkt man immer erst, was man vergessen hat.). Das erschöpft einen ganz schön.

Doch Perfektion gibt es nicht. „Wenn zu perfekt, lieber Gott böse", hat der Künstler Nam June Paik gesagt. Künstler in früheren Epochen haben mitunter Ecken eines Palastes oder eine Kirche ungestaltet oder unausgemalt gelassen, um die Gottheit nicht zu vergrämen, und aus demselben Grund wurde bei manchen Prozessionen in Südostasien ein Wagen mitgeführt, der nicht geschmückt war.

Ein Zen-Priester, der für einen Tempelgarten verantwortlich war, sagte Sir Laurens van der Post, Herz und Geist des Menschen seien nicht symmetrisch, und er legte seine Hand aufs Herz, das bei ihm wie bei allen Menschen etwas nach links verlagert war. Die Sucht nach Perfektion komme ihm, schrieb Laurens Van der Post einmal, vor wie „eine Art Hass, wenngleich liebend verkleidet, auf die Dynamik des Lebens und seine Veränderungen und die endlose Erneuerung".

Perfektion kann man anstreben, erreichen wird man sie nicht.

Etwas legt sich immer quer. Immerzu wird uns reibungsloses Funktionieren versprochen, aber keine Chance. Es geht eben schief, was schiefgehen kann. Beruhigend ist das. Der Mensch ist fehlbar. Verzeihen wir uns unsere Fehler! Nur aus ihnen können wir lernen. Wir haben schon viel gelernt, gemessen an damals, als wir ins Leben eingestiegen sind. Wir alle haben eine vage Vorstellung davon, wie wir sein möchten: Wir wollen uns realisieren, unsere Fähigkeiten ans Tageslicht bringen, unseren Idealen treu sein.

Man möchte einen lieben Partner und einen guten Job haben, schlank und gesund sein und voller Energie. Das ist die Kurzform eines gelingenden Lebens – „gelingend", denn ob es „gelungen" sein wird, weiß man ja nicht, denn gleich passiert wieder etwas ... Das weiß man erst im Tod, darum urteilten die Griechen nie vorher.

Und überhaupt, was ist schon gelungen? Könnte man sagen: „Sie hat ein erfolgreiches Leben geführt?" Gibt es das überhaupt, ein gescheitertes oder verpfuschtes Leben? Das von Jesus Christus müsste man als so eines bezeichnen: Wanderte planlos durch die Gegend, gefolgt von nur ein paar Getreuen, hatte weder Wohnung noch Familie, wurde früh verraten, verurteilt und getötet. Man hat Erfahrungen gemacht. Man war dabei, hat seine Rolle gespielt, hat vielleicht Pech gehabt oder sich ungeschickt angestellt. So ist das.

Es geht nicht um äußere Kriterien, sondern darum, ob man der Mensch war, der man sein wollte, und wie nahe man dem gekommen ist, der man sein hätte können. Nur der Mensch selbst kann darüber urteilen.

Was tun, welche Kur?

Wir erreichen den praktischen Teil: Was kannst du tun? Ein Weg ist sicherlich die „paradoxe Intervention“, die Viktor Frankl ins Feld geführt hat. Man soll sich mit seinen Ängsten konfrontieren, mitten in sie hineinspringen. Die Furcht ist, etwas zu verpassen; die maximale Furcht ist, in der Lage zu sein, nichts mehr zu verpassen zu können, weil man keinen Zugriff auf sein Handy hat.

„Wer ein Mobiltelefon besitzt, werfe es weg“, war der erste Satz von Hans Magnus Enzensbergers erster These zur digitalen Welt von Anfang 2014. „Es hat ein Leben vor diesem Gerät gegeben, und die Spezies wird auch weiter existieren, wenn es wieder verschwunden ist. Der abergläubischen Verehrung, die ihm zuteil wird, sollte man nichts abgewinnen. Smart sind nicht diese Geräte oder die sie benutzen, sondern die sie uns anpreisen, um unermessliche Reichtümer anzuhäufen und gewöhnliche Menschen zu kontrollieren." Facebook setzte 2010 noch 2 Milliarden Dollar um, 2016 schon 28 Milliarden.[38]

„Schaltet die ‚telefonini' aus", rät auch Federico Tonioni, Professor an der Gemelli-Klinik in Rom. Mittels Verhandlungen solle man seine Kinder gleichfalls dazu bewegen, denn „auch mit ausgeschaltenem Telefon kann man leben".

Wenn man einen Ratschlag für eine glückliche Kindheit und Jugend geben sollte, wäre er einfach, meint Jean Twenge: „Leg das Phone weg, schalte den Laptop aus und tue etwas – irgendetwas –, das nichts mit einem Bildschirm zu tun hat." Erwiesen sei es nicht eindeutig, dass die Zeit davor Unglück produziert; es könnte sein, dass unglückliche Teens mehr Zeit online verbringen. Doch die Studien legen nahe, dass diese Zeit, vor allem die mit sozialen Medien, wirklich unglücklich macht.

In französischen Schulen müssen sie ausgeschaltet werden, und „Das Internet muss weg", nennt sich ein neues Buch von Schlecky Silberstein. Weg damit! Der erfolgreiche Blogger und Netz-Insider vergleicht unsere geliebte/gefüchtete Parallelwelt mit einem großen Bauernhof, in dem Google, Facebook, Apple und Amazon die Bauern sind und wir – die Hühner. Oder: die Kühe. Das „Stimmvieh" (der Politiker). Die Bauern wollen unsere Daten und machen Geld damit.[39] Kann

38 Schmiderer, Switch off (2017), S. 49
39 Silberstein, S. 55

man aus dem System aussteigen?, fragt er. Antwort: „Ja. Aber dafür müsste man komplett auf das Internet verzichten." So sieht ein Ausstieg wohl aus.

Silberstein bringt uns die Gefahren der „höllischen" digitalen Welt zu Bewusstsein und schreibt aus einer Welt heraus, in der die Einführung des „Like"-Buttons durch Facebook 2009 ein Datum ist, das die Welt mehr prägte als ein politischer Umsturz. Die liebende Bestärkung, die der Button sein konnte, wurde pervertiert; er wurde zu einer Ziffer für Beliebtheit, typisch für eine Gesellschaft, die alles zählen und messen können möchte. Da sind wir zu weit gegangen. Viele haben das zu ernst und eine Zahl als Ausdruck dafür genommen, wie sehr man sie mag. Damit haben wir Gefühle ins Rechenbrett eingespannt und sie entwürdigt. Zehn Jahre danach ist der „Like"-Button ein Joch, eine Plage, ein Verfolger, der viele nicht mehr schlafen lässt. Dennoch grinst er uns an, überall.

Der erfolgreiche Blogger Silberstein stellt klar, dass „meiner Forderung auf dem Buchcover zum Trotz" – das Internet müsse weg – diese Maschine auch in absehbarer Zeit nicht abgeschaltet werden wird. Also was tun?

Jaron Lanier will ja auch, dass wir abschalten. Aber das Internet retten will er ebenfalls. Die sozialen Netzwerke sind für ihn das Übel. Der Vordenker der Internetsphäre, geehrt 2014 durch den Friedenspreis des deutschen Buchhandels, hat ein neues Buch geschrieben, das „Zehn Gründe, warum Sie Ihre Social Media Accounts abschalten sollten" heißt. So lauten heute Titel von Büchern. Sie kommen mit Punkten zum Punkt. Er betont die Hassparolen, die durch die Sozialen Medien genug Unheil in die Welt trugen, verfasst von Einzelgängern am Rechner.

Viele Menschen seien verunsichert, schreibt Lanier, und sie geben die Schuld daran anderen, die sie angeblich am Fortkommen hindern – Frauen, Einwanderern, Linksliberalen. Sie radikalisieren sich selbst, indem sie in ihrer Filterblase nur noch Hass zur Kenntnis nehmen, und ihre innere Temperatur steigt, bis es zum Ausbruch kommt. Auch dies ist dem Medium zuzuschreiben, das völlig unserer Kontrolle entglitten ist. Auf Smartphone und iPhone müsste eine Warnung stehen: „Dieses Produkt gefährdet Ihre seelische Gesundheit."

Detox

Es sind viele Aufklärungsbücher über „digitalen Burnout", Detox und „Digital-Junkies" entstanden. Auch „Mail halten" als Titel zählt dazu, ein Grenzfall mit einem misslungenen Sprachspiel, das noch dazu auf einem derben Ausdruck basiert.

Ein „Detox", ein „Entgiften", wäre aber ein erster Schritt – ein Versuch der Abgewöhnung. Handy weglegen, nicht wegwerfen. Während des Urlaubs oder bei einer Auszeit melden sich, wenn das Gehirn wieder im Ruhe-Modus ist, oft neue Gedanken. Sie lassen sich nicht herbeizwingen, man muss sich Zeit geben und nichts Bestimmtes wollen. Am besten ist man untätig. Ohne Plan. Eine neue Studie der Beratungsfirma Deloitte ermittelte, dass 46% der Deutschen, die immer noch im „Smartphone-Rausch“ seien, ihren Konsum einschränken wollten. Das ist noch kein Umdenken, sondern nur eine Willenserklärung; aber wenigstens ein Nachdenken scheint eingesetzt zu haben.

Sogar bei den Produzenten, denen es selber unheimlich geworden ist. Apple und Android haben in ihre neuen Systeme eine Detox-Funktion eingebaut, die mit „Bitte nicht stören“ überschrieben ist – solche Schilder hängt man manchmal vor sein Hotelzimmer – und alle Aktivitäten stoppt: für dreißig Minuten, eine Stunde, zwei Stunden, acht Stunden, einen Tag oder bis man wieder einschaltet. Und Instagram will eine Funktion verfügbar machen, die Zeichen gibt, wenn man alle Botschaften gesehen hat. Da bewegt sich also etwas.[40]

Monika Schmiderer geht in ihrem Buch „Switch off“ den „Detox“ planmäßig an. Anders wird ja kein Buch daraus. Zeitverwendung statt Zeitverschwendung: Siebenunddreißig Stunden in der Woche gespart, wenn man sein Phone weglegt. Oh Gott, was mache ich mit siebenunddreißig gesparten Stunden? Hab ich einen Plan? Frau Schmiderer liefert Ideen dazu.

Vieles wird versprochen, alles ist möglich: Wenn man weiß, was man will. Weiß man das nicht, tritt schon wieder Stress auf. Einen Blog gründen oder eine Kamillenteegruppe? Nachts übers Moor spazieren oder Saxofon lernen? Plötzlich

40 Arriverà il cartello „non disturbare“, La Repubblica, 4.7.2018

überfällt uns ein unheimliches Gefühl der Freiheit, schlimmer: Der Leere. Das damit übertüncht wird, dass wir als „Abenteurer" gepriesen werden, die das „erhabene Gefühl der Gelassenheit" ausstrahlen. Schön ist Schmiderers Ausdruck „Digital-Real-Life-Balance"[41], die sie neben die Work-Life-Balance setzt.

Monika Schmiderer führt ihre Leserinnen und Leser mit wachsender Begeisterung durch vierzehn Tage ohne Smartphone und versteigt sich vor dem letzten Tag sogar zu dem zweimaligen Ausruf „Halleluja": „Sie sind ein Rockstar!" Denn die zwei Wochen sind überstanden. Nun die Party! Denken und meditieren ist gut, meinte sie, aber: „Es geht nur um eines: um die Tat." Der „cyberkranke Hypermind" soll geheilt werden, indem er nicht in ein Smartphone schaut, sondern in sich selbst. Da muss was sein: SWITCH OFF ist ein Blind Date mit sich selbst. Nicht weniger als eine Neuerfindung des abhängigen Menschen ist beabsichtigt. Solch ein „Reset" ist das Einzige, was hilft, denn wir haben ja nichts mehr: Wir sind wie in eine Wüste verjagt, ins leere All katapultiert, ins Gefängnis geworfen. Dostojewski meinte zwar, wer den Weg wisse, könne auch in der Hölle bequem leben, doch er hatte vier Jahre Zeit für diese Erkenntnis, als er in Sibirien in der Verbannung leben musste.

Können wir wirklich in vierzehn Tagen uns unser Leben „wiederholen" (zurückholen), anstatt nur alte Muster zu wiederholen? Können wir in vierzehn Tagen aus dem „digitalen Dazwischen", dem „digitalen Paralleluniversum" ausbrechen und

41 Schmiderer, S. 251/282

zum Kern unseres eigentlichen, irgendwo verborgenen Selbst vorstoßen? Brauchen wir nicht eher vierzehn Jahre dazu? Dennoch wurde uns im März 2018 gesagt, Digital-Detox-Angebote erlebten in Deutschland einen Boom. Erfreulich wär's.

Der neue Film des italienischen Regisseurs Cristian Marazziti, „Sconnessi“ (etwa: Abgehängt), thematisiert den Detox mittels einer Szenerie, die neu und alt zugleich ist. Ein paar untereinander verbundene Menschen treffen sich in einer Villa und reden. Nur sind die Besucher pathologische Netzwerk-Süchtige, eingeladen von dem pathologischen Netzhasser Ettore (Fabrizio Bentivoglio), der „etwas Soziales umsetzen will, nicht etwas ‚social'“. Um die Leere des Nicht-verbunden-Seins blühen neue Gespräche auf wie in französischen Liebesfilmen, und die Rückkehr in eine Vor-Internet-Ära klingt wie ein „Zurück in die Zukunft“.

Der Self-Made-Mann Dale Carnegie war der erste Amerikaner, der Psychologie und Marktwirtschaft zusammenbrachte. Mit einem Buch darüber, wie „Business Men“ durch überlegtes Sprechen andere beeinflussen könnten, ging er ins Rennen. 1937 folgte „Wie man Freunde gewinnt“ und zehn Jahre später „Sorge dich nicht – lebe!“ 50 Millionen Carnegie-Bücher sind verkauft worden. Der Psycho-Boom führte ab den 1970er Jahren zu einer eigenen Sparte, einer Lebenswissenschaft, die heutzutage auch von Fernsehmoderatorinnen und Filmstars vorgetragen werden.

Aber es scheint, als wären die alten Selbstfindungsmodelle nur den über 40-jährigen vertraut, während die Jungen durch das Medien-„Chatter“ nur konfuse Ausschnitte bekommen, denen sie nicht trauen. Eigentlich haben sie recht: Es wird viel geschwafelt und doziert von Leuten, die bloß Promis sind oder meinen, alles besser zu wissen. Da sind sie misstrauisch, *sie*, wie ich schreibe, wo ich *ihr* schreiben sollte: Ihr Jungen, ihr „anderen“, zu denen sich ein „älterer“ Autor nicht zählen darf und die er verzweifelt zu verstehen sucht. (Die Anti-Digitalisierungsbücher verkaufen sich auch nicht so toll, weil am ehesten Lehrer und Erziehungspersonen sie kaufen.)

Was nach den vierzehn Tagen passiert, wenn das Phone wieder eingeschaltet wird, steht in den Sternen. Man war zwei Wochen ausgeblendet, und dann schaltet man sich wieder ein. Gandhi schwieg immer nur am Montag, und an den anderen Tagen sprach er. Zeitweiliges Schweigen war immer eine Praxis der Mystiker. In den Klöstern soll nach dem abendlichen „Komplet“ Stille herrschen bis zum nächsten Morgen, nur das Nötigste soll in den Korridoren gesprochen werden, falls man sich dort begegnet. „Schweigen muss in der Seele herrschen, wenn man Gott hören will“, schrieb die polnische Nonne Faustyna (1905-1938), die im Jahr 2000 heiliggesprochen wurde. „Man kann viel reden und doch das Schweigen nicht verletzen; man kann aber auch mit Worten geizen und geschwätzig sein in der Seele.“ Oder am Mobiltelefon. „Die geschwätzige Seele ist leer. Sie hat die Wonne des inneren Friedens nie erfahren, ist darum unruhig und stört den Frieden der andern.“[42]

42 Winowska, Anrecht auf Barmherzigkeit (1972), S. 116/117

Wer das Meditieren erlernen will, fühlt sich von sich selbst gestört. Da fliegen so viele Gedanken durcheinander, wechseln sich ab, verdrängen sich, drängen sich ins Bewusstsein. Der „Chatter of the Mind", das Geschwätz des Geistes, ist eine Erfahrung, die jeder kennt. „Die eindrücklichste Übung, der ich mich über Jahre unterzogen habe", erzählte der Heiler Alejandro Jodorowsky, „war die, den Gedanken zu unterdrücken. Es zu schaffen, nicht ein einziges Wort in mein Gehirn zu lassen."[43] Der Zen-Buddhist wäre damit noch nicht zufrieden. „Auf Nichtdenken bedacht sein, ist immer noch Denken", heißt es in einem Gedicht. Krampfhaft offline sein wollen, bedeutet, dass wir immer noch vom Online-Status diktiert werden.

Wir werden belagert, werden Opfer einer Invasion. Wie in der Internetwelt wird in unserem Gehirn andauernd getwittert, und es bedarf einer Menge Selbstdisziplin, dem Geschwätz Einhalt zu gebieten. Wer ist der Chef? Gibt es überhaupt einen? Und was ist dieses Ich, das diesem Komitee von Chaoten Stille befehlen will? Gibt es dieses Ich? Leider wissen uns das auch die Neurologen nicht zu sagen.

Alternative: JoMO

Wir können am Handy festhalten, uns aber geistig von ihm unabhängig machen. Die Meldungen anschauen und über sie lachen. Das ist schwierig. Aber was bleibt, wenn man

43 Jodorowsky, Psychomagic (2010), S. 209

verunsichert ist und weiter dranbleiben will? Distanz finden. Ist natürlich ein Thema in der Presse, und Journalisten betätigen sich gern als Lebensberater, wobei sie ebenso gerne witzig sein wollen. Georgette Culley hat in der britischen Boulevardzeitung „The Sun“ JoMO erfunden, „The Joy of Missing Out“. Man kann sich alles auch schönreden. Sie hat einen Fragebogen entwickelt und zitiert Nicole Scherzinger, eine bekannte Filmschauspielerin, die zugab, sie fühle sich „einsam“ und habe die wichtigen Meilensteine des Lebens „verpasst“, weil sie Karriere gemacht habe. Die Arme! Man kann eben nicht alles haben, Millionen auf dem Konto und Millionen Freunde um sich herum. Es ist ja die Taktik der Boulevardpresse, unglückliche Stars zu zeigen, damit wir in unserem Unglück nicht ganz alleine sind.

Im Englischen klingt das so intensiv: „Don't get sucked in when friends hype something up.” Ärgere dich nicht, wenn Freunde etwas hochspielen. „Temptation is there ...“ Die Versuchung ist da (sich zu ärgern), aber: „Bleib bei deiner positiven Haltung und mach dir bewusst, dass dein Glück nicht davon abhängt, etwas Trendy-Artiges auf Twitter zu posten oder nachzuschauen, wie viele ‚Likes‘ du auf Instagram eingesammelt hast.“ Wenn es gelingt, sich das bewusst zu machen, kann das gut sein; wenn man aber innerlich trotzdem kocht, betrügt man sich selber und wird noch unglücklicher. Klingt schön, wie Frau Culley schreibt (im November 2017): „Freunde wundern sich vermutlich darüber, dass es dir egal ist, was außerhalb deiner unmittelbaren Sphäre passiert. Nimm die gelegentlichen Einladungen an und bring einen Freund als moralische Stütze mit. Denk dir vorher drei Gesprächsthemen aus, vom letzten Fernsehdrama bis zu deinem nächsten Urlaub."

Von jenseits des Atlantik kommen ebenfalls gute Ratschläge. Anfang 2015 ließen sich Linda und Charlie Bloom auf „Psychology Today" mit „10 Tipps, die Furcht davor, etwas zu verpassen, zu überwinden" vernehmen. Sie haben das Ratgeberbuch „Das Geheimnis erfolgreicher Ehen" (Secrets of Great Marriages) geschrieben mit dem Untertitel „Wirkliche Wahrheiten von wirklichen Paaren über ewige Liebe". Von solch einem Autorenpaar, den Blooms, ist etwas zu erwarten!

Ihre zehn Ratschläge sind: Mach langsam (1), praktiziere Aufgabentrennung (und sage auch mal Nein; 2), strebe die Erfahrung an und nicht das Symbol (leben statt Postings schreiben oder lesen; 3), sei einverstanden damit, dass du nicht alles haben kannst (4), mach eins nach dem anderen (one thing at a time; 5), übe dich in Achtsamkeit (6), stelle Beziehungen über Erwerbungen (7), genieße den Augenblick (8), zeig dich dankbar (9) und freue dich an deinen Fortschritten (10).

Punkt zwei ist interessant: Die Erfahrung anstreben, nicht das Symbol; das Wahre, nicht sein Abbild. Da begegnen sich wieder Digital Life und Real Life, und hier soll an Platon erinnert werden, den griechischen Philosophen, der uns vor 2500 Jahren sein „Höhlengleichnis" zukommen ließ. Er lässt es am Anfang des Dialogs „Politeia" von Sokrates erzählen. Da leben Menschen seit jeher in einer Höhle, und an einer Wand bilden sich Schatten von sich bewegenden Leuten ab, die sie für real halten. Das ist die Welt. Wenn aber einer von ihnen aus der Höhle hinaus transportiert würde, müsste er sich wie geblendet fühlen ..., aber dann sähe er das Sonnenlicht und die „echten“ Gegenstände und Handlungen. Welche Erleuchtung! Zurückgekehrt, würde er den anderen berichten, aber die würden es nicht glauben wollen und ihn lieber umbringen, als zu glauben, dass sie in einer Welt aus zweiter Hand leben. Platon meinte freilich den Aufstieg der Seele in eine geistige Welt, und auch die Inder nennen diese unsere Welt „Maya“, einen Schleier, der uns die Wahrheit verhüllt. Wir haben vor diesen Schleier einen weiteren Schleier gehängt: die digitale Welt.

Erfahrung und Symbol. Wir wissen, wie es gemeint ist: Lieber etwas erleben, als darüber zu lesen oder Bilder anzuschauen. So einfach ist es jedoch nicht, wie wir das oben dargestellt haben. Denn die Wirklichkeit können wir nicht kennen, pure Erfahrung ist Illusion, also Maya, denn wir drücken sie immer mit unserem Geist aus und begreifen sie dadurch. Ich könnte sagen: Um eine Erfahrung zu machen, muss man erst Erfahrung haben. Man muss sie vergleichen, sie einbetten können in den Strom des gelebten Lebens.

Wer geistig blind ist, dem helfen auch Erfahrungen nichts. Sprache, Mythos und Kunst sind, laut Cassirer, symbolische Formen, und Symbole geben Macht über die sinnliche Welt, wobei sie diese verändern. Die Sprache ist nicht das, was sie abbildet, sie ist ein Code. Erfahrung gegen Symbol ist darum zu kurz gegriffen; beide greifen ineinander, damit wir die Welt meistern können.

Dr. Aarti Gupta griff für die amerikanische Angst- und Depressionsvereinigung in die Tasten. Ihr verdanken wir die Information, dass FoMO 2013 Eingang ins berühmte Oxford-Wörterbuch fand – eine *Infomotion* sozusagen. Drei sind ihre Tipps: Gib zu, dass du ein Problem hast. Du kannst nicht überall sein, ist doch okay. Schalte das Geschwätz ab. Frühstücke ohne Instagram und kontrolliere deine Posts nur auf dem Bus, der dich von der Arbeit nach Hause trägt. Praktiziere Achtsamkeit, schaue dir den Augenblick an und lebe in ihm, statt zu denken, was sein könnte. Klingt gut, ist registriert und schon vergessen.

Praktische Tipps, mit dieser Welt zurechtzukommen, strömen uns von allen Seiten zu, und auch Leute aus der Wirtschaft springen gerne helfend bei, denn den Esoterik-Touch lernt man schnell. Es gibt ja eine enge Verbindung von Konsum zu FoMO.

Tim Otis ist so ein Wirtschaftsmann – genauer: Marketing-Experte („ergebnisorientiert" nennt er sich in dem Versuch, sich zu ironisieren) –, außerdem Immobilienmakler, und er hat eine Kur für FoMO zu bieten, die er am 1. Juni 2014 auf LinkedIn platzierte. Er ist ein junger Wirtschaftsmann, kann also auch witzig sein. Der FoMO-„Bug" könne jeden infizieren, schreibt er, und die Erkrankten könne man rasch identifizieren: Sie reagierten mit „one-upping", wollen also einen Post, der sie sichtlich aus der Bahn wirft, sogleich übertrumpfen, indem sie etwas Besseres, Größeres zurückfeuern. „Ich habe FoMO", bekennt er, und Frust wird nicht leichter, wenn Freunde Interessantes posten, an dem er nicht Anteil habe (Im Text steht „that I'm not apart of", also: wovon ich nicht getrennt bin: Genau das Gegenteil dessen, was er meint: „that I'm not a part of". Eine fehlende Leerstelle – ein anderer Sinn.).

Erstens also, rät Otis: Rücke die Dinge in die richtige Perspektive. Man sagt schnell „mein Leben nervt", aber tritt einen Schritt zurück und verstehe, warum du Dinge verpasst, und überhaupt: Vielleicht steckst du schon recht tief in FoMO drin und musst deine „Browsing-Gewohnheiten" überprüfen. Zweitens sei das Leben eben nicht so "glamourös", wie man meine oder wahrnehme. „Klar, Facebook, Twitter, Instagram sagen das Gegenteil. Aber das ist das Schöne an den sozialen Netzwerken, nicht wahr?" Du kannst das erstaunlichste Leben überhaupt erschaffen und übermitteln, und wer würde die nicht-so-tollen-Augenblicke mit anderen teilen wollen? Begriffen (schreibt Tim)? Ich inszeniere mich wie auf dem Theater, wobei ich weiß, dass ich eigentlich ganz anders bin; doch das Medium zwingt mich dazu, alles etwas aufzuhübschen, das machen alle so, und sie sind eigentlich die Betrüger. Ich bin nur ein Verführter, ein verführter Verführer.

Und drittens, und am wichtigsten bei Otis: Sei dankbar für das, was du hast. Freu dich heute an allem, was gut ist bei dir. Finde in den kleinen Dingen Befriedigung und poste sie, nicht immer die großen Ereignisse. Menschen reagieren am stärksten auf andere, wenn diese authentisch sind. Das beste Gegenmittel für FoMO sei es, ehrlich mit sich und seiner Lage zu sein und sich an dem zu freuen, was man hat. FoMO ist ein klares Zeichen dafür, dass du „wirklich eine Menge mehr mit deinem Leben machen könntest. Nimm die Posts der anderen her, um dich davon motivieren, nicht um dich davon demotivieren zu lassen." Danke, Tim.

Offline? Online?

Alles schön und gut. Ist das eine Lösung? Wie kann – da das Internet nicht verschwinden wird – die Digital-/Real-Life-Balance wieder ins Gleichgewicht kommen? Gibt es einen Weg zwischen der „Offline-Romantik" und dem Verschlungenwerden durch die sozialen Medien? Wie können wir die Kontrolle zurückgewinnen? Nichts geht da ohne Selbsterforschung. Was interessiert mich? Wie kann ich an diese Informationen herankommen? Wir sollten uns von den Dingen, die uns ablenken, nicht verfolgen lassen, meint die Netzexpertin Miriam Rasch. Wir sollten unsere Aufmerksamkeit schulen, irgendwie achtsam sein auf unsere eigene spezielle Aufmerksamkeit.

Da denken wir wieder an Immanuel Kant, der die Frage „Was ist Aufklärung" 1784 so beantwortet hat: „Aufklärung ist der Ausgang des Menschen aus seiner selbstverschuldeten Unmündigkeit. Unmündigkeit ist das Unvermögen, sich seines Verstandes ohne Leitung eines anderen zu bedienen. Selbstverschuldet ist diese Unmündigkeit, wenn die Ursache derselben nicht am Mangel des Verstandes, sondern der Entschließung und des Mutes liegt, sich seiner ohne Leitung eines anderen zu bedienen. Sapere aude! Habe Mut, dich deines eigenen Verstandes zu bedienen! Dies ist der Wahlspruch der Aufklärung."

Minerva, die Göttin der Weisheit, spendet das Licht der Aufklärung, und in Frankreich heißt die Periode von 1670 bis 1820 denn auch das „Jahrhundert der Lichter" (*siècle des lumières*, in Italien *illuminazione*). Ein „erleuchtetes" Zeitalter begann, das, aufbauend auf Erfahrungen und die Vernunft, die Welt zu einer besseren machen sollte. Die „Epidemie der Ablenkung" hat unseren Verstand benebelt. Wir müssen wieder zu uns zurückfinden. Wir wissen von allem zu viel. Es geht darum, das Wichtige vom Unwichtigen zu scheiden und Letzteres auf den Müll zu werfen.

An Selbsterkenntnis kommen wir nicht vorbei. „Wie viele Dinge gibt es doch, die ich nicht brauche", rief Sokrates aus. Wir stoßen beim Surfen im Internet andauernd auf Dinge, die wir nicht zu wissen brauchen und von denen wir nicht gewusst hatten, dass es sie gibt und sie uns einmal interessieren könnten. Wir fühlen uns durchs Netz gelenkt und damit gelinkt, und wüssten wir, wovon uns diese Ausflüge ablenken, könnten wir sie ja einstellen und uns dem „Eigentlichen" zuwenden. Was will ich wissen? Was nützt mir? Es gilt also: Die eigene Aufmerksamkeit schulen.

Ohne die Ablenkung durch die sozialen Netzwerke könnten wir freilich besser und produktiver arbeiten. Wäre Detox demnach im Sinne der Wirtschaft, also eine Strategie, die uns noch gründlicher ins Arbeitsjoch zwingen soll? Schwierig. Eine schizophrene Situation; denn diese störenden Medien halten uns auch gefangen und machen uns zum Teil des Systems. Die Wirtschaft würde sich damit selbst ins Bein schießen.

Auch Geert Lovink hat eine dritte Lösung jenseits von Offline und Online: Auf das Pferd „Langeweile“ setzen, und irgendwann würde das Silicon Valley „seinen Aufmerksamkeitskrieg verlieren und seine werbungsgetriebene Ökonomie wird unvermeidlich abgleiten“.[44] Googles Chefingenieur heißt Ray Kurzweil – da hat einer den richtigen Namen.

Langeweile kann man offline und online empfinden, denn sie gleicht einem „leidvollen Begehren nach nichts“, wie Sergio Benvenuto meint. Das Subjekt weiß nicht, was ihm fehlt. „Es würde sich, wenn es es wüsste, dafür einsetzen, das Objekt zu erlangen oder zu beweinen, und es würde sich nicht mehr langweilen.“[45] Wir suchen und wissen nicht was – ein Begehren ohne Ziel. Das erleben wir ja heute schon beim Herumsuchen im Netz. Würden wir wissen, was wir wollen, könnten wir es zielsicher ansteuern. Lovink meint freilich wohl die Langeweile ohne Netz, das Herumsitzen in der Stille, wartend.

Auch Schlecky Silberstein sieht die „regenerative Kraft des Nichtstuns und der Langeweile“. Der konstante Fluss der Ereignisse in den „Social-Media“ sei wie ein gigantisches Glücksrad, das sich „ewig dreht und uns ewig in einer Erwartung hält“. Das habe die Langeweile aus unserer Lebensrea-

---

44 Lovink, S. 20
45 Benvenuto, Der schweigende Nebel, S. 62

lität verbannt. Für Silberstein ist das Nichtstun ein „spirituеller Zustand“, und auch er kennt die Erfahrung, dass man beim radelnden Nicht-Denken von Ideen förmlich überflutet wird.[46] Das Nichtstun ist produktiv, lasst uns heute einmal nichts tun!

Politisieren!

Vielleicht ist das Stichwort wirklich *politisieren*, wie es Miriam Rasch mit der Aufmerksamkeit will. Wir müssen das System als Gegner betrachten, gegen den es gilt, Punkte zu machen. Jaron Lanier meint in seinem neuen Buch „Zehn Gründe, warum du deine Social Media Accounts sofort löschen musst“, die Social Media hassten unsere Seele und gäben uns ein neues spirituelles Rahmenwerk. Er erinnert auch an den mittelalterlichen Ablasshandel (Sünden vergeben gegen Geld).

In vielem erinnern die sozialen Netze an eine Kirche, so wie die christliche fast 2000 Jahre lang funktioniert hat. Sie versprach die Seligkeit und predigte die Liebe zum Nächsten, verfolgte und marterte aber Ketzer und Hexen und übte Macht über die Seelen aus. Die Zehn Gebote boten reichlich Möglichkeiten, die Seligkeit zu verpassen. Man ging ängstlich zum Beichten, versuchte, nach der Sühne ein besserer Mensch zu sein und alles richtig zu machen ... was prompt danebenging und wieder zu Reue und Selbstanklagen führte und zur nächsten Beichte.

46 Silberstein, S. 223/254

Es war wie heute ein ständiger, vom Priester drohend begleiteter Versuch, sich selbst zu perfektionieren, wollte man nicht die ewige Seligkeit verpassen. Man darf sagen: Hunderte Millionen Menschen litten Jahrhunderte lang unter diesem Druck. Nun haben wir – zusammengedrängt auf zwanzig Jahre und im Weltmaßstab – die weltliche Version davon, und Priester sind heute die Software-Ingenieure und Marketing-Manager, die ihre Algorithmen perfektionieren, um die User an die Geräte zu fesseln. Versprochen werden Spaß und Kommunikation ohne Ende, aber die ewige Seligkeit tritt nicht ein, im Gegenteil: Druck und Furcht herrschen.

Doch auch Priester können irren, und die Päpste der Netzwelt sind nicht unfehlbar. Algorithmen durchforsten Daten schneller, als tausend Menschen das können, und spucken etwas aus; aber da sie menschengemacht sind, kommt heraus, was man nicht will. Ein User liest rassistische Seiten, und da könnten ihm andere, verwandte, auch gefallen. Sie werden ihm vorgeschlagen, weil das Programm so gestrickt ist. Es verstärkt unsere Vorlieben und Abneigungen, weil es unsere Vorlieben und Abneigungen kennt.

Wir werden beobachtet. Jemand weiß, was wir schreiben, und ein smarter Feed weiß dann auch, was uns noch interessieren könnte, als blickte uns ein Gott über die Schulter. Doch wir werden auch schon mal in die Irre gelenkt, Gott ist dann ein verkleideter Teufel, und die Ingenieure arbeiten nicht für unser Seelenheil, sondern für die Werbewirtschaft. Alle hatten es ja gut gemeint; und wo der Papst sich für frühere Verfehlungen seiner Kirche entschuldigte, findet der Apple-Vorsitzende nur ein paar Sätze der Selbsterkenntnis. Ende Juni 2018 sagte Tim Cook, sie hätten mit ihren Geräten nur gewollt, dass die Menschen etwas mit ihnen machen könnten, was sie ohne sie nicht könnten: „Ehrlich, wir haben nie gewollt, dass es die Leute bei der Benutzung unserer Geräte übertreiben."

Google hat sich 2015 in die Holding Alphabet Inc. eingegliedert, weil die Sprache eine der wichtigsten Erfindungen der Menschheit sei, ließ CEO Larry Page verlauten. Das Wort „Alphabet" kommt von den ersten beiden Buchstaben Alpha und Beta her, wie sie im Griechischen heißen (dann Gamma, Delta); im alten Hebräischen sind die ersten vier Aleph, Beth, Gimel und Daleth.

Der Kabbalist Menachem Recanati sagte um 1300, dass „die Buchstaben [der Tora, der fünf Bücher Mose] einen mystischen Körper der Gottheit darstellten und Gott so etwas wie die Seele für die Buchstaben". Rabbi Meir schärfte einmal Rabbi Meir ein: „Mein Sohn, sei vorsichtig bei deiner Arbeit, denn sie ist eine Gottesarbeit; wenn du nur einen Buchstaben auslässt oder einen Buchstaben zu viel schreibst, zerstörst du die ganze Welt ..."[47] Die Welt ist aus Sprache entstanden, und Google, das ja die Informationen der Welt organisieren will, koppelt sich an diese Bedeutung an. Google will eigentlich die ganze Welt organisieren.[48]

Facebook und Google haben mehr Mitglieder als jede Weltreligion, und Jaron Lanier fasst die Schäden, die sie anrich-

47 Scholem, Zur Kabbala und ihrer Symbolik (1960), S. 58/60
48 Lanier, S. 187

ten, gut zusammen. Er wirft ihnen vor, BUMMER-Methoden anzuwenden. Wie FoMO ist BUMMER ein Akronym – für „Behaviors of Users Modified, and Made into an Empire for Rent“. Ein Bummer ist im Englischen ein Schnorrer, der sich an andere anhängt, um ihnen Geld abzubetteln; auch ein Herumtreiber und Mistkerl ist er.

Jaron Laniers Bummers sind gefährlich: Sie verändern das Verhalten ihrer Versuchspersonen, um viel Geld zu machen. BUMMER sind von Profitgier angetriebene Manipulatoren, die Algorithmen einsetzen, die jedem etwas Anderes vorsetzen, damit ihre Kunden – die Werbetreibenden – zufrieden sind. Damit werden die Unsympathen (um ein anderes Wort statt das grobe A-Wort zu verwenden, dessen sich der Autor J. L. ausgiebig bedient) noch unsympathischer, ohne es zu merken, da die Foren mit Hass aufgeladen werden. Niedere Geister schweben um uns her und flüstern uns Böses ein.

So verliert man, laut Lanier, seinen freien Willen, auch weil du nicht weißt, in welchen Kontext deine Bemerkungen gestellt werden; man wird zum Unsympathen, verliert sein Mitgefühl und wird unglücklich. Die Social Media fördern prekäre Arbeitsverhältnisse, machen Politik unmöglich und hassen deine Seele. Das ist in Kürze die Aussage des „Vordenkers“, der allen dringlich dazu rät, ihre Accounts in den Sozialen Medien zu kündigen.

Noch ist es nicht zu spät. Aber die Zeit läuft uns davon. Wir könnten den dramatischen Anstieg der Weltmeere noch verhindern, wenn wir den Ausstoß an Kohlendioxid bald drastisch reduzieren; doch es sieht nicht danach aus, da Wirtschaft und Politik zaudern. Bei den Sozialen Medien jedoch müssen wir nicht auf sie warten, wir können handeln und ein Zeichen setzen.

Wie schön und anarchisch war das Internet doch, als es erst fünf Jahre alt war! Künstler und Chaoten zimmerten sich bunte Homepages zusammen, die ersten Blogger (ich war, an einem Freiburger Institut, einer von ihnen) schrieben mit heißer Feder, und man träumte von der allumfassenden, Aufklärung und Freude spendenden Kommunikation, kurz: von einer besseren Welt. Es war wie das Ideal, dem die Frühchristen huldigten. Dann wurde die Kirche mächtig, der Papst stellte sich gegen den Kaiser, und die Macht wurde wichtiger als eine moralische Welt.

Beim Internet hat das Geld in den folgenden zwanzig Jahren den Charme des Anfangs zerstört und daraus eine gut gesicherte Geldverteilmaschine gemacht, wie das Geld schon zuvor so nebenbei die Rock- und Popmusik sich einverleibt und sie zahm gemacht hatte. Die Stars kauften sich Güter in Südengland und Villen in der Karibik und ließen sich weiter auf Konzerten feiern. Auch Fußball, einst die „schönste Nebensache der Welt", ist in der Hauptsache ein pralles Gelderzeugungs-System geworden, und die Politik läuft ohnehin machtlos hinterher, bedacht darauf, es sich mit den großen Konzernen nicht zu verderben.

Mancher Hacker verstand sich ja als stiller Revolutionär, und vielleicht müssen wir uns klarmachen, dass das System aus

Sozialen Medien und Internet uns zerstören wird, wenn wir nicht dagegensteuern. Wir müssen, wie Monika Schmiderer schreibt, uns tatsächlich unser Leben wieder zurückholen. Wir können uns verweigern, um die totale Digitalisierung abzuwenden, ohne damit zu „Offline-Romantikern" werden zu müssen. Durch das Herumschreiben im Ungefähren verpassen wir das Leben und das „Date" mit unserem Innenleben. Jede Einzelaktion – ein Hotel anzusteuern und leibhaftig ein Zimmer zu buchen, statt es über ein Portal zu suchen – ist ein kleiner Sieg. Jeder Kauf in einem Geschäft – Ware gegen Geld über den Ladentisch – ist ein Triumph gegen das System.

Ein Dichter (André Kaminski) meinte: „Nein ist der Ausdruck des ewig wachen Geistes, Ja hingegen das plumpe Idiom des Fleisches. Im Nein steckt die Auflehnung gegen das Animalische, im Nein ist Gott. Im Ja der Teufel; denn der Teufel will, dass wir mit dem Strom schwimmen bis in die Hölle."[49] Stimmt. Erst Ungehorsam (gegen das Angstdiktat der Kirche) brachte uns den Fortschritt und die moderne Welt. Der Ungehorsam gegen das Angstdiktat der Sozialen Medien bedeutet die Überwindung von FoMO. Also doch: Eher offline, bis online nicht mehr viel bedeutet. 1990 noch kannte man den Ausdruck *online* überhaupt nicht.

Alle waren „offline", und schon der Ausdruck, der eigentlich unseren normalen Seinszustand bezeichnen sollte, klingt negativ; online ist gleichbedeutend mit an Deck sein, im Rennen, am Puls der Zeit. Diese Dichotomie müssen wir überwinden. Freiheit wäre, hat einmal Theodor W. Adorno geschrieben,

49 Kaminski, Schalom allerseits (1989), S. 63

„nicht zwischen schwarz und weiß zu wählen, sondern aus solcher vorgeschriebener Wahl herauszutreten“.[50]

Viele halten Diät. In 90 von 100 Fällen klappt das nicht, weil man immerzu ans Essen denkt. Die richtige Diät findet im Kopf statt. Sie ist erfolgreich, wenn man nicht mehr auf die Nahrung fixiert ist, wenn sie nichts weiter ist als Nahrung. Wir haben ja von allem zu viel. Die Produktion und der Konsum sind aus dem Ruder gelaufen wie im Märchen „Der süße Brei“, in dem gerade die Mutter dem Topf befiehlt „Töpflein koche!“ und dann die Gegenmagie nicht mehr weiß, und alle, die in das Dorf wollen, müssen sich durch den Brei hindurchfressen. Im Märchen kommt die Tochter noch zurecht, um das Unheil zu stoppen, aber wenn sie nicht käme? Wir warten auf sie. Verzweifelt warten wir.

Adorno hat auch geschrieben: „Es gibt aus der Verstricktheit keinen Ausweg.“ Das war in der Nachkriegszeit, als man anfing, „die Unterwerfung des Lebens unter den Produktionsprozess“ ernst zu nehmen. Ein Autor kann in der „Kulturindustrie“ mittun oder aussteigen, beide Male wird er schuldig, denn: „Es gibt kein richtiges Leben im falschen.“ Und in der „verwalteten Welt“, wie es zu Adornos Zeit hieß, stecken wir ohnehin fest, völlig verstrickt.

Was der Frankfurter Philosoph als Lösung anbietet, könnte auch für unser Social-Media-Zeitalter gelten: „Das einzige, was sich verantworten lässt, ist, den ideologischen Missbrauch der eigenen Existenz sich zu versagen und im übrigen

50 Adorno, Minima Moralia (2003), S. 150

privat so bescheiden, unscheinbar und unprätentiös sich zu benehmen, wie es längst nicht mehr die gute Erziehung, wohl aber die Scham darüber gebietet, dass einem in der Hölle noch die Luft zum Atmen bleibt."[51]

Warum sollte ich mich ausklinken? Sollen doch die anderen! Viele fahren Auto, ich will auch eins, und wenn alle Auto fahren, fährt keiner mehr, sondern jeder steht im Stau. Dann kann man wenigstens ungestört seine Nachrichten abrufen und Apps konsultieren.

Warum sollte die Wirtschaft eines Staates ihre Produktion herunterfahren? Dann profitieren die anderen davon. Wie in den sozialen Netzwerken halten alle einander in Schach und machen weiter, weil alle an sich denken und keiner an das große Ganze. So kommt die Klimakatastrophe, und so zerfrisst uns FoMO allmählich, wenn nicht US-Präsident Trump sich mit einem „God Save America!" von Twitter abmeldet.

51 Ders, Minima Moralia, S. 29/43

FoMO und Konsum

Wie fing es mit FoMO an? Mit dem Konsum natürlich. Es ist zwanzig Jahre her. Schon zwanzig Jahre? Erst zwanzig Jahre? Ein amerikanischer Marketingmann stieß als Erster auf FoMO und erklärte es uns. Zunächst ging es um den Konsum – um die kostbaren Dinge, die wir kaufen, um uns besser zu verkaufen.

Dr. Dan Herman

Dr. Dan Herman wurde auf das Phänomen, das er später FoMO nennen sollte, 1996 aufmerksam. In einem Artikel im Jahr 2000 beschrieb er es für die US-Zeitschrift für Markenmanagement (*Journal of Brand Management*). Am Anfang stand also nicht das Leben mit seinen Facetten, sondern der Konsum. Auf seiner Homepage führt Herman aus:

„Alles fängt mit einem wachsenden Bewussstsein der schier endlosen Auswahl attraktiver Angebote an, aus denen der Konsument auswählen kann. Dann gibt es die vom Konsumenten angenommene Fähigkeit, so viele der Angebote auszuschöpfen, wie sie [Herman schreibt nun „she", um auch dem weiblichen Aspekt gerecht zu werden] gerne möchte. Wenn ihre angenommene Ausschöpfungs-Fähigkeit gering ist im Vergleich zu ihrer Referenzgruppe, wird sie sich ihrer Vorstellungskraft bedienen, um eine Wahrnehmung davon aufzubauen, was ihr fehlt. Die FoMO-Erfahrung basiert auf der Furcht, was werde ich verpassen, weil ich nicht die nötige Zeit oder das nötige Geld habe oder weil mich irgendeine andere Blockade daran hindert?"

Die Erfahrung fühle sich an, als wäre man ein Kind in einem Süßigkeiten-Laden und hätte nur einen Vierteldollar in der Tasche. Wichtig sei einem das, was man noch nicht habe, aber verzweifelt begehre. „Wir müssen uns daran erinnern, dass etwas zu verpassen im physikalischen Sinn unvermeidbar ist“, schreibt Herman. FoMO sei andererseits eine emotionale Reaktion, die die Tatsache begrüßt, dass sich uns viele Gelegenheiten öffnen. „Die unzähligen Möglichkeiten, die vor unseren Augen erstrahlen, entzünden unsere Vorstellungskraft. Wir werden abhängig von den vielen Möglichkeiten.“

Amerikaner sind positiv. Der Konsument bewegt sich, laut Herman, weg von der Übersättigung, will Neuigkeit/Entdeckungen/Stimulation und genießt die Freude, wählen zu können. FoMo kann ja auch etwas Gutes sein: Sie (die Furcht) treibt uns an, ein reicheres Leben zu führen, das mit Interesse, Aufregung und Vergnügungen gefüllt ist; sie motiviert uns, uns bis zum Letzten zu entwickeln und Dinge zu erreichen, die uns mit dem „Gefühl von Befriedigung, Macht und Wert“ belohnen; Sie führt uns zu Verhaltensweisen, die uns für andere interessanter und attraktiver machen, wodurch wir deren Wertschätzung gewinnen.

Allerdings verschweigt Dan Herman nicht, dass nach seinen Zahlen 70% aller Erwachsenen zu einem gewissen Grad FoMO „erfahren“. Von diesen seien 30% gut in der Lage, damit zurechtzukommen und FoMO zu einer „positiven Kraft in ihrem Leben zu machen“, 25% könnten gut funktionieren, auch wenn sie FoMO „irgendwie unglücklich“ mache, und nur 15% schafften die Bewältigung nicht, und das „macht ihr Leben tendenziell elend [miserable]“.

Diese Menschen „fühlen sich überflutet, überwältigt und gelähmt, unfähig, sich einer Sache oder einem Menschen zu widmen“, weil es immer andere Möglichkeiten gibt. „Ihnen fehlt die Fähigkeit, durchzuhalten, sie neigen dazu, ihren Terminplan zu überladen, und sie kommen oft zu spät, fühlen sich wie Gefangene in einem endlosen Rennen, das ihnen völlig der Kontrolle entglitten ist.“ Das relativiert Hermans gute Elemente an FoMO, denn es würde bedeuten, dass sich 10 von 100 Erwachsenen wegen FoMO miserabel fühlen und 17 deshalb „irgendwie unglücklich“ sind.

Was haben wir uns mit dem Internet, das 2018 seinen 25. Geburtstag feiern durfte – der „Erfinder“ war Timothy Berners-Lee, seit 2004 „Sir“ Tim Berners-Lee – und den „Social Media“ eingehandelt? Etwas Gutes, meint natürlich Andreas Gebhard, und er muss es fast meinen, da er mit anderen die Berliner Groß-Konferenz re:publica gegründet hat. Er will eine „positive Utopie für eine digitale Gesellschaft“, wie er in einem Interview sagte. Sind Utopien nicht immer positiv? Gebhard spricht von „Pop“, für ihn ein Akronym, das er mit „Power of People“ übersetzt: „Wir gestalten die digitale Gesellschaft selbst.“

Weit sind wir da nicht gekommen. Hatte man nicht gehofft, die Technik würde uns von stupiden Beschäftigungen befreien, würde uns überhaupt befreien? Doch da gibt es die gierigen Druckmacher in der Wirtschaft, die mit der Technik das Tempo erhöhten, um mehr Gewinne zu machen. Weniger zu arbeiten wäre möglich, damit es uns allen besser geht. Paul Lafargue verlangte schon 1887 in seinem „Recht der Faulheit“, dass man jedermann per Gesetz verbieten solle, mehr als drei Stunden am Tag zu arbeiten, und Bertrand Russell,

Literatur-Nobelpreisträger, wies in seinem „Lob des Müßiggangs“ 1932 nach, dass solch eine Gesellschaft funktionieren, zumindest nicht untergehen würde.

Aber nein. Weniger Arbeit will man nicht. Man (Vorstände und CEOs) will mehr, immer noch mehr. Das Karussell dreht sich immer schneller. Alle klammern sich fest, um nicht herunterzufallen. Wie kommen wir da raus?

Dan Herman will da auch nicht raus. Er ist Marketing-Mann, spricht von der „Post-Loyalitäts-Ära des Konsumenten“ (der keiner Marke mehr unbedingt treu ist), weshalb man marketingfähige Produkte schaffen müsse, die „speziell dafür gemacht sind, rasch in den Markt einzudringen, sofortige Konsumenten-Begeisterung zu wecken und ungeahnte Erfolge bei Verkäufen, Einnahmen und Profiten zeitigen“. Das ist seine „Think-Short-Methode“. Denken in kurzen Zeiträumen! Das beratende Netzwerk hierzu heißt „The Multi Living Training“. Herr Herman kann für Vorträge gebucht werden. Konsultieren Sie: Fomofearofmissingout.com/fomo.

Konsumartikel sind heute die „eyecatcher“ und der Massstab dafür, dass man alles richtig gemacht hat. Die verwendeten Produkte, die Wohnungseinrichtung, die Kleidung und alle eingeübten Lebensgewohnheiten dienen als Ausweis dafür, dass man dazugehört – so sehr, dass viele sie mit ihrer Persönlichkeit verwechseln. Das Wie steht für das Was. Dahinter ist nichts. Alles ist funktionale Oberfläche, gesprochen wird über Einkaufsmöglichkeiten, denn in einer Ikea-Küche tauscht man sich gemeinhin nicht über Tiefenpsychologie und Philosophie aus. Die Trends können sich kurzfristig ändern. Man muss immer am Ball bleiben.

Zum Denken in kurzen Zeiträumen könnte Herman seinerseits das neue „Museum des Scheiterns" konsultieren. Das *Museum of Failure* ist zeitweise in Los Angeles untergebracht, sein Kurator heißt Dr. Samuel West. Auch da geht es, ganz amerikanisch, um Produkte und ihr Scheitern. Das „Beef Lasagne" von Colgate blieb ebenso liegen, wie es die Orange-Corn-Flakes taten. Aber der Nylonstrumpf, 1935 erfolglos lanciert, setzte sich nach dem Krieg doch noch durch. Auch die Kaffeemaschinen mit den „Tabs", nun der große Renner, wurden zehn Jahre lang erfolglos beworben. Manchmal lohnt es sich auch in der Geschäftswelt, einen längeren Atem zu haben, ein Scheitern wegzustecken, langfristig zu denken.

Es wird einen nicht wundern, dass FoMO auch an den Börsen präsent ist. Anleger jammern, dass sie das siegreiche Papier nicht gekauft haben, und dann geschieht es ihnen nochmal und nochmal, und sie sind verunsichert. Irgendwann will man einfach nur noch dabei sein, um nicht noch mehr zu verpassen, heißt es in einer Schrift über die „Alpha-Star-Fonds" im Internet. So kommt es zur Blasenbildung, zur Korrektur überbewerteter Aktien, zu Enttäuschung und Ausstieg, bis die Kurse wieder steigen, man wiederum dabei sein will – und wieder falsche Entscheidungen trifft. Es ist eine Lose-lose-Situation, und der Anleger wird fast verrückt dabei und beschimpft sich selbst. Vielleicht folgt er dann dem Rat von Gurus, nimmt Magie zu Hilfe und treibt auf eine Spieler-Karriere zu, deren Sucht und Irrsinn Fjodor Dostojewski in „Der Spieler“ besser beschrieben hat als jeder andere.

Influencer

Wer Held des eigenen Lebens ist, hat das Zeug dazu, auch anderen ein Held zu sein. Die Wirtschaft hat das begriffen. Sie setzt auf eine „Bewegung von unten“: Nicht mehr Filmstars und Sportler sind gesucht, sondern junge Leute mit vielen Followern. Die folgen den Konsumvorlieben derer, die nun „Influencer“ heißen. Aber ihr Einfluss (*influence*) bezieht sich nur auf das Kaufverhalten. Wer Influencer ist, hat nichts verpasst. Sie ist Trendsetterin und Leitbild wie Bibi mit fünf Millionen Followern auf YouTube.

Kann man Influencer werden? Es ist der neue Traumjob bei Jugendlichen, die vor dreißig Jahren Rockstars werden wollten, vor zwanzig Jahren Models und vor zehn Jahren Profifußballer. Populär sein, prominent, wichtig und einflussreich. Es reicht anscheinend, gut auszusehen und mit großen Gesten Produkte in die Kamera zu halten und sie zu loben. Kann man das werden, Influencer(in)?

Lisette Claveiro hat es versucht. 2013 gab die damals 21-jährige Amerikanerin Unsummen für teure Klamotten aus, um auf Instagram gut dazustehen. Sie schaffte es, sich in jenem Jahr mit 10.000 Dollar zu verschulden. „Ich habe über meine Verhältnisse gelebt“, bekundete sie im März 2018. Ein

Finanzcoach half ihr, in etwas mehr als einem Jahr wieder schuldenfrei zu werden.

Essena P'Neill schimpfte 2015 in einem Film über das System, das sie als 18-jährige wohlhabend gemacht hatte. Manche Instagram-Fotos hätten hundert Proben benötigt plus viele Stunden Nachbereitung; sie erwähnte ihre Sucht nach positiven Kommentaren und vielen „Likes". Das klingt wie der selbstmitleidige Aufschrei eines frustrierten Promis. Einsatz braucht es eben, wenn man hoch hinaus will, die Sucht gehört dazu.[52] Doch Jaron Lanier warnt: Die Sozialen Medien unterstützen nur Stars. Wer's nicht ganz hoch hinaus schafft und etwa ein Star-Influencer wird, kann einpacken. Halb-Promis will keiner.[53]

Doch der Traum ist verführerisch: Auf die Bermudas zu reisen, bezahlt und beneidet zu werden. Diesen Neid machen sich manche zunutze und dabei Kasse. Ein „Reise-Neid-Paket" zum Preis von 800 Euro bot für den Sommer 2018 die Firma „Cheap Caribbean" an, wie die Zeitung „La Repubblica" vermeldete. Inbegriffen sind die Flüge, drei Nächte im Hotel auf den Bermudas und Training durch zwei bekannte Influencer, damit die Teilnehmer lernen, wie sie mit schönen Fotos und Posts im heimischen Umfeld so richtig Neid schüren können. Es könnte den ersten Schritt zu einem Influencer-Dasein darstellen.

---

52 Silberstein, S. 229
53 Lanier, S. 151/152

Publikationen

Die FoMO-Publikationen führen dazu, dass sich niemand mit seiner Furcht alleine fühlen muss. Das haben also auch andere, könnte man folgern und posten: „Fühlst du dich auch manchmal fomisch?“ Vielleicht entsteht so etwas wie Solidarität, und man mag sich erinnern, dass man sich bei einem Menschen aufgehoben fühlen kann und bei ihm seine Ängste vergisst.

Die Wissenschaft wirft Studien nur so auf den Markt. Nimm dir 200 Studentinnen und Studenten, lasse sie einen Fragebogen ausfüllen, und schon hast du einen sozialwissenschaftlichen Aufsatz in einer relevanten Zeitschrift, der sich in der Veröffentlichungsliste gut macht. Was Manfred Spitzer kann, das kann ich auch: Studien vorstellen und bewerten. Wir sehen uns einmal ein paar Arbeiten an, die man bequem unter dem Stichwort „FoMO Scale“ aus dem Internet fischen kann.

Haben wir die „Fear of Missing Out“ eigentlich schon wissenschaftlich definiert? Ein Beitrag im „Journal of Business & Economics Research” von Jessica Abel und zwei anderen Wissenschaftlerinnen leistet das. Es fing ja alles mit Marketing und der Wirtschaft an. FoMO ist definiert als das „unschöne und manchmal alles beherrschende Gefühl, dass du das verpasst, was deine Gleichaltrigen tun, und dass sie etwas wissen oder besitzen, das besser ist als das, was du besitzt“.

In „Social Media and the Fear of Missing Out" schreiben Abel, Buff und Burr, drei Frauen, dass der leichte Zugang zu den Informationen anderer es einem leicht mache, sein Leben mit dem anderer zu vergleichen; durch Online-Postings und Bilder fühlten sich viele „weniger zufrieden" mit ihrem Leben und ihrer Lebensweise. FoMO bestehe aus Reizbarkeit, Angst und dem Gefühl, den anderen nicht ebenbürtig zu sein. Verstärkt durch die Social media, führe das leicht zu einem Minderwertigkeitskomplex. Das Gefühl, nicht ebenbürtig zu sein, sei Stress. Auch soziales Ausgeschlossensein und Schikanen spielen Schlüsselrollen bei FoMO, da sie Ängste hervorrufen und die Selbstachtung beschädigen.

FoMO kann nach den Autorinnen auch Kaufentscheidungen beeinflussen: Du kaufst ein teureres Produkt, weil du die Gelegenheit nicht verpassen willst, dabeizusein. Die User freuen sich, wenn sie online und dabei sind, aber 83% einer befragten Gruppe gaben auch an, ihr Leben verlaufe ständig auf der „Überholspur", weil „zu viel zu tun, zu lesen, zu kaufen und zu gucken sei, dass es schlichtweg überwältigend sei".[54]

Heute könne FoMO wie ein überstarker Drang wirken, an zwei Plätzen gleichzeitig zu sein, schreiben die Autorinnen. Diese Fähigkeit, Bilokation genannt, ist bislang erst bei wenigen christlichen Heiligen und chinesischen Gurus beobachtet worden, die jahrelang in Meditation saßen. Pater Pio segnete einmal 1917 in San Giovanni Rotondo, wie Pater Alberto erzählte, jemand Unsichtbaren und sprach ihn von den Sünden los, und Tage später bedankte sich jemand in einem

54 Abel, Buff, Burr, S. 33/34

Telegramm dafür, dass Pater Pio nach Turin gekommen sei, um einem Mitbruder das Sterben zu erleichtern. Sollte FoMO derartige Phänomene auslösen können, wären wir verblüfft.

Doch die Evolution ist vieler Wunder fähig, auch wenn sie dafür Jahrhunderte braucht. Vielleicht werden wir einmal gelernt haben, mit einem Blick eine Situation mit allen ihren Daten fast wissenschaftlich zu erfassen, wie das in dem Film „Total Recall“ Schwarzenegger konnte, dem man einen Chip ins Gehirn gepflanzt hatte. Das wird vielleicht die Zukunft sein. Bei der Mobilfunkmesse MTC in Barcelona hieß es Ende Februar 2018, in zehn Jahren würden wir vielleicht nicht mehr so stark vom Smartphone abhängig sein. Wovon dann? Das wurde nicht gesagt. Doch auch andere Geräte oder Übertragungskanäle werden uns die Verpassensfurcht nicht nehmen.

Schon 2012 sagten 40% der Verbraucher zwischen 12 und 67 Jahren, die sozialen Medien hätten ihre Furcht verstärkt, etwas zu verpassen. Das geht aus einer Studie von „J. Walter Thompson Intelligence“ hervor, einem „Zentrum für provokatives Denken“, das Veränderungen im „global zeitgeist“ registriert. Diese Medien spielen eine überaus wichtige Rolle, und auch Firmen bombardieren die Leute ständig mit Informationen, sie sollten etwas „liken“ oder ihnen auf ihre Plattform folgen, zu „Followers“ werden. Alle sind hinter unserer Zuneigung her. Liebe mich! Dennoch muss man festhalten, dass es FoMO vermutlich gibt, seit es Kommunikationskanäle gibt.

Überdosen von Diagnosen

Zur Marken-Flut des Kapitalismus passt die Benennungs-Wut, die immer mehr Phänomene betrifft. Plötzlich gibt es Cyber-Bullying, Sexting und die „Obsessive Smartphone Disorder“. Wenn ein Phänomen einen anerkannten Namen hat, kann man leichter darüber sprechen. David McCandless hat viele „Störungen“ benannt und sie dadurch teils erschaffen, teils zementiert.

Immer mehr Diagnosen werden heute gestellt, Apotheker- und Natur-Zeitschriften bringen sie an die Öffentlichkeit, und bald gibt es niemanden mehr, der nicht irgendeine Störung hat. Wer länger als zwei Wochen um einen Verstorbenen trauert, ist anscheinend nicht mehr normal. Die Medizin senkt gewisse Grenzwerte, so dass jemand plötzlich krank ist, der es bisher nicht war, und es wird gewarnt und zu Abhilfe geraten. Aber da fast alle mit einem Smartphone herumspielen, sind die Warner in der Unterzahl und hoffnungslos unterlegen. Wenn die Ausnahme zur Regel wird und die „Störung“ zu einer Wesensart, verändern sich die Werte. Was man wohl nach dem Krieg von Leuten hielt, die in eine Kiste blickten, die flimmernde Bilder von sich gab? Die ersten „Fernseher“ mussten verrückt sein! Jetzt hat jeder einen Kleinempfänger in der Größe einer Hand und blickt unausgesetzt hinein und kann in einer Stunde mehr sehen als die „Pioniere“ in den 1960er Jahren an einem Tag, denn es gab nur zwei Programme, die um 23 Uhr spätestens

Sendeschluss hatten. Die ganze Nacht lang flimmerte dann das Testbild.

Der Philosoph Adorno, ein besonders strenger Kritiker der Konsumwelt, behauptete 1951 nach seinen Erfahrungen in den USA, „dass die zeitgemäße Krankheit gerade im Normalen besteht“. Die Gesellschaft verlange dem Individuum so viele Anpassungs- und Verzichts-Leistungen ab, dass es zu Verstümmelungen komme. Je nach der Welt, in der wir uns bewegen, geben wir uns unterschiedlich, und könnten wir überall wir selbst sein, wäre ein paradiesischer Zustand erreicht. Es gebe nicht nur die Krankheit des Normalen, meinte Adorno, sondern auch die Gesundheit der Kranken, doch das sei nur „das Schema des gleichen Unheils auf andere Weise“.[55]

In der Wirtschaftswelt sind manche Störungen sogar „funktional“, also hilfreich. Wer etwas antisozial eingestellt ist, also wenig Empathie besitzt, macht schneller Karriere, weil er problemlos „über Leichen geht“. Die Informationstechnologie ist eine Branche, in der „nur die Paranoiden überleben“, sagte einmal Intel-Chef Andy Grove. Da ist ein guter Schuss FoMO ein Helfer, um dranzubleiben und das nächste Produkt nicht zu verpassen. Wer hätte gedacht, dass E-Mailen so schnell altbacken wäre (trotz 215 Milliarden versendeter Mails am Tag) oder der Personal Computer zu einem Auslaufmodell würde, weil alle Mobilgeräte wollen?

Alle möglichen wohlmeinende Therapeuten melden sich obendrein zu Wort: Der Präsident der italienischen Orthopä-

---

55 Adorno, Minima Moralia, S. 65/67

den und Traumatologen wies auf das „Text neck" hin, wie es in den USA heißt. Das oft gesenkte Haupt, das um die zehn Kilogramm wiegt, könnte, warnte der Orthopäde, auf die Halswirbelsäule einwirken und in der Folge zu Angstzuständen, Erinnerungslücken und Depressionen führen. Dass Radfahrer nach zwanzig Stunden im Sattel beim „Race Across America" (RAAM) den Kopf nicht mehr hochhalten können, weil die Nackenmuskulatur nicht mehr will, ist nachvollziehbar; und auch, dass die Orthopäden gehört werden wollen. Alle wissen etwas.

Die Zivilisation steckt voller Gefahren, und die Warnungen dienen dazu, den Gebrauch der Mobilgeräte zu verteufeln – wie Ärzte bereits um 1870 Frauen vom Radfahren abrieten, weil es ihre Genitalien verletzen, gar zu Fehlgeburten und Sterilität führen könnte, wie ein Doktor Tissié zu bedenken gab.

Es scheint, als würden Wissenschaftler und Mediziner zu Ethnologen, die eine ihnen fremde Kultur – die digitale – untersuchen und neue „Krankheiten" entdecken. Verwundert registrierten früher Feldforscher in anderen Kulturen Erscheinungen wie die Figaphobie (Angst vor dem Verlust der Energie), Koro (Angst vor dem Einschrumpfen des Penis), arktische Hysterie und den Susto (diffuses Angstgefühl). Sie nannte man kulturell gebundene Syndrome (*cultural-bound syndromes*) und sah ein, dass „unsere" psychiatrischen Diagnosen nur ein Ausschnitt der Welt sind. Ein anderes Denken führt zu anderen Konflikten.

Aber dann bewegte sich etwas. Im Juni 2018 reihte die Weltgesundheitsorganisation (WHO) in der 11. Ausgabe ihrer Klassifikation von Krankheiten (ICD – *International Classification of Diseases*) die Online-Spielsucht unter die Suchtkrankheiten ein. Das war ein viel beachteter Schritt hin zur offiziellen Anerkennung der Suchtgefahren beim Online-Tun; denn wir stehen vor weltweiten psychischen Problemen.

Die Globalisierung tilgt die Unterschiede. Der westliche Lebensstil hat die Völker überrollt, das Smartphone ist weltweit ein Renner, und so verbreiten sich blitzartig Phänomene, die man zunächst für kurios, dann für krankhaft hielt.

FoMO im Orient

Tröstlich, dass FoMO in der Folge der Smartphone-Manie international ist. Wir wollen nicht andauernd US-amerikanische Studien und Erhebungen lesen müssen; unsere westliche Kultur ist durch Amazon, Google, AirBnB und Facebook ohnehin mehr als genug amerikanisiert. Im Internet findet man über das Stichwort FoMO-Scale auch Arbeiten aus anderen Ländern. Alle sind wir infiziert!

Jamal Al-Menayes von der Abteilung für Massenkommunikation an der Universität Kuwait in Safat stellte 2016 fest, dass Andy Przybylskis FoMO-Liste auch für arabische Länder zutreffend sei. Der Autor beklagt mangelnde empirische Arbeit in der arabischen Welt und befragte 1327 junge Studenten im

Jahr 2014 vier Monate lang, die hauptsächlich zwischen 18 und 25 Jahre alt waren. Durch ihn erfährt man auch, dass es eine „Social Media Addiction Scale“ (SMAS) gibt, eine Skala der „Abhängigkeit von sozialen Medien“, die 14 Punkte umfasst. In der westlichen Türkei befragten drei Mitglieder der Medizin-Fakultät der Universität Eskisehir Omangazi 200 Studenten, die 18 Jahre und älter waren. Der durchschnittliche FoMO-Wert betrug 24 Punkte, also mittelstarkes FoMO.

Dorit Alt vom Kinneret-College im Jordantal beschrieb im Mai 2017, wie Studenten mit den Social Media und FoMO umgingen, und das Ergebnis erschien im „Journal of Computing in Higher Education”. Anhand von 279 Teilnehmern zeigte sich, dass Studenten einer Minderheit, die Sprachprobleme hatten, während des Unterrichts soziale Medien nutzten, weil sie Angst hatten, nützliche Hilfe von außen zu verpassen; und die Mehrzahl schaute während des Unterrichts auf ihr Phone, weil sie eben unter FoMO litt.

In Indien ergab sich ein Zusammenhang zwischen den „Netten“ und den Extravertierten mit FoMO, während die Gewissenhaften, die Neurotischen und die „Offenen“ weniger in Gefahr zu sein scheinen. Die netten (*agreeable*) Studenten wollen andere inspirieren und leiden dann, wenn sie nicht mitkriegen, was in ihrer „Peer Group“ passiert; und wer extravertiert ist, also kommunikativ und außenorientiert, fühlt ähnlich. Je mehr wissenschaftliche Aufsätze über FoMO man liest, desto stärker ergreift einen FoMO selber: Hab ich da was verpasst? Panik tritt auf.[56]

56 Liftiah et al

Bei Beata Hato von der Universität Tilburg kam heraus, dass FoMO-Abhängige häufiger ihr Smartphone konsultieren als andere, oder, im Wissenschafts-Sprech, dass ihre neue C-FoMO-Skala „positiv korreliert“ ist mit „Smartphone-Engagement und Konsultationshäufigkeit des Mobile Phones“. 84% der 159 Befragten schauen noch fünfzehn Minuten vor dem Zubettgehen auf ihr Phone, 78% in den ersten fünfzehn Minuten nach dem Aufstehen. Studenten im Unplugged- oder Offline-Status fühlten sich „verrückt, in Panik, deprimiert, verwirrt, paranoid“.

Doch damit „pathologisiert“ man die Internet-Sphäre und gibt sich der Illusion hin, „seltsame“ Verhaltensweisen unter Kontrolle gebracht zu haben. Nun haben sie einen Namen. Geisteskrankheiten sind ja immer noch ein großes Rätsel; mit einem Begriff exorzierte man sie wirkungsvoll und hielt sie weit von sich weg. Wie schnell wurden früher Sonderlinge als „schizophren“ gebrandmarkt und weggeschlossen: Ab in die Psychiatrie! Schizophrenie ist eine westliche Diagnose.

Der Hauptteil unserer FoMO-Abhandlung liegt nun hinter uns. 18% des Textes kommen normalerweise an, denn „tief“ wird nicht mehr gelesen. Man „skimt“, was heißt: überfliegt, rafft, springt nach vorne. 60% des Buches liegen nun hinter uns, wir dürfen uns gratulieren, und nichts spricht dagegen, sich den Rest auch noch anzutun. Er vertieft und hilft beim Klären der Frage: Wer ich bin und was ich will? Das ist nicht einfach, aber was ist schon einfach? So schulen wir vielleicht unsere Aufmerksamkeit und koppeln sie von dem ab, was die Gesellschaft will.

Vom Mitkriegen und Nicht-Mitkriegen, vom Versäumen und Verpassen

Etwas nicht mitkriegen, etwas verpassen. Wir haben Angst davor. FoMO ist keine Krankheit, sondern nur ein Syndrom und offiziell erst, wenn es unter die Liste der psychischen Krankheiten (ICD) aufgenommen wurde. Wer meint, unter FoMO zu leiden, sollte jedoch jede Seite dieses Buches lesen, damit er oder sie auch garantiert nichts verpasst. Garantiert heißt: Der Verlag kann dafür garantieren, dass, wer alles liest, nichts in dem Buch verpasst hat. Keine Garantie und keine Rechtsansprüche kann er jedoch für Dinge übernehmen, die sich ereignet haben, während das Buch gelesen wurde und die deshalb verpasst wurden.

Woran lag's?

In der Gruppe weiß man, was man hat. Klare Ansage. Es gibt Regeln. Wer die Pointe nicht kapiert, wird schief angeschaut und verliert an Ansehen. Das ist so in der Firma und in der Clique. Etwas nicht mitzukriegen, passiert indessen immer wieder einmal. Einer Fehleinschätzung unterliegen. Gut, Pech gehabt. Doch so einfach ist es nicht. Etwas nicht mitzukriegen, könnte ebenso gezielte Vermeidung sein wie etwas mitzukriegen, wie uns Adam Phillips, der als geistreichster psychoanalytischer Autor Großbritanniens gilt, in seinem Buch „Missing Out“ mitteilt. So ganz kennen wir unsere Impulse nicht. Wir können uns befragen: Was könnte der Grund dafür sein, dass ich das nicht mitgekriegt habe?

Vielleicht gab es nichts mitzukriegen. Der Witz war vielleicht zu schräg, die Anspielung zu versteckt. Moderne Kunst ist zum Beispiel nicht immer so, dass man sie verstehen könnte; vielleicht gibt es bei manchen Gedichten oder Gemälden gar nichts mitzukriegen, weil die Autoren das so wollten oder weil sie überhaupt nichts wollten? Schön verwirrend ist ein Zitat eines Autors aus dem 20. Jahrhundert (Charles Mopsik), in dem er einen Rabbi aus dem 12. Jahrhundert verteidigt: „Man sollte Gikatilla nicht beschuldigen, Aristoteles nicht verstanden zu haben; wenn er so tut, als würde er ihn verstehen – oder ihn nicht zu verstehen, was auf das Gleiche hinauskommt –, dann versucht er, etwas zu verstehen, das Aristoteles sich nicht gestattete zu verstehen."[57] Alles klar? Vorzutäuschen, dass man etwas versteht oder nicht versteht, sei die Ursprungsgeste der Philosophie: So tun als ob. Manchmal ist der Code, dass es keinen Code gibt. Es wird abstrakt gemalt, weil abstrakt gemalt wird. Aber alle wiegen ihr Haupt und machen Andeutungen, denen zu unterlegen ist, dass sie verstanden hätten. Um dazuzugehören und sich keine Blöße zu geben.

Vielleicht gibt es auch tiefere Gründe dafür, dass ich etwas nicht mitgekriegt oder es verpasst habe. Es passiert, weil ein Irrtum passiert. Das wollen wir nur streifen, aber zu schön sind die Episoden „über Vergessen, Versprechen, Vergreifen, Aberglaube und Irrtum", wie Sigmund Freud sein Buch „Zur Psychopathologie des Alltagslebens" näher charakterisiert hat. Es könnte ja sein, dass ich zu dem Termin, den ich verpasst habe, nicht hinwollte. Ein Gelehrter wollte von Zürich nach Luzern fahren, wie Freud schilderte, und so richtig wollte er doch nicht, so dass er in Arth-Goldau, als er umsteigen musste, in den falschen Zug stieg – in einen zurück nach Zürich.

Oder wir haben Angst davor, dass eine bestimmte Person auftauchen würde. Einmal habe ich im Zug ein hochnervöses junges Mädchen angetroffen, das am Wochenende mit einem guten Freund intensive Posts ausgetauscht hatte, so dass alles klar war, aber gleich würde sie ihn in einer Gruppe treffen, und sie hatte furchtbare Angst ... Auch wenn man sich schon kennt: Soziale Angst wird durch Kontakt mit SMS oder auf Facebook nicht abgeschwächt, sondern verstärkt, sagt uns

57 Mopsik, Lettre sur la sainteté (1986), S. 171

eine Studie mit US-College-Studentinnen (Rauch 2013[58]) Schreiben ist einfach, das fließt so leicht aus dem Handgelenk, doch „live“ ist anders. Plötzlich hat man Lampenfieber.

Jedenfalls vergesse ich vielleicht den Termin. Er, der sich mir „entzogen“ hat, berührte einen „inneren Komplex“ in mir, schrieb Freud. Vergessen ist oft Verdrängen. Wenn wir Namen vergessen, steckt auch mitunter unbewusste Absicht dahinter. Freud erwähnt ein Beispiel: Zwei junge Frauen und drei Männer überlegten, wie dieser Roman hieß, in dem Jesu‘ Leben geschildert wurde, und er fiel ihnen partout nicht ein. Der Roman hieß „Ben Hur“, und das erinnerte zu stark an die Hure, und das fand man wohl peinlich.[59]

Vom Sex

Oder ich verlese mich. Ich will eigentlich nicht hingehen, lese flüchtig und merke mir den falschen Termin oder den falschen Ort. Ich verpasse das Treffen und habe mein Ziel erreicht. Ich las kürzlich „Vielen Dank für Ihre Nachsicht“. Fand ich nett. Es hieß aber korrekt „Nachricht“. Dann suchte ich nach einem Beleg dafür, dass für junge Leute das Handy wichtiger ist als Sex, und es war irgendwie logisch, dass ich in einer Überschrift las: „So ficken die Millennials.“ Es hieß aber: „So ticken die Millennials.“

---

58 Spitzer, S. 169
59 Freud, Zur Psychopathologie des Alltagslebens (1985), S. 49

Wir wollen das nun aber wissen! Die Agentur Syzygy befragte 1074 Menschen im Durchschnittsalter von 28 Jahren (veröffentlicht am 21.3. 2017 auf der Internetseite Übergizmo), und 28% gaben an, lieber auf Sex verzichten zu wollen als auf ihr Handy. Bei einer Studie der Boston Consulting Group waren es 16%.[60]

Sex ist scheinbar auf dem Rückzug: Eine italienische Studie ermittelte, dass er bei 30% der verheirateten Paare gar nicht mehr stattfindet. Der Mann ist es meist, der sich zurückzieht; denn er ist mit seinem Job verheiratet, mit dem er mehr gemeinsame (bewusste) Zeit verbringt als mit seiner Frau, von der er – sagt Psychologin Umberta Telfener (in ihrem Buch „Letti sfatti", etwa: „ungemachte Betten") – erwartet oder erhofft, dass sie ihm die knappe Zeit verschönt, damit er weiter surfen kann. Dieses virtuelle Kommunizieren raubt Zeit und Energie, und störend sind Gewohnheit und Leistungsdruck.

Bei den Jungen bis 30 oder 35 Jahren sei die Frau stärker geworden, und die Männer flüchten, weil sie sich wegen ihrer Zeitarbeitsverträge unsicher fühlen. Auch bei Beziehungen ziehen sie Provisorien vor, und wenn es um Sex geht, findet er zu früh statt und oft ohne Initimität und gegenseitiges Vertrauen – bei gewaltigen Erwartungen. Frauen über 40 würden als „off limits" betrachtet und demnach vernachlässigt, und nach dem 50. Lebensjahr zeigen sie, was sie wollen, während der Mann zögert und auch geringe sexuelle Befriedigung akzeptiert.[61]

60 Schmiderer, S. 35
61 Ebd.

Diese Erkenntnisse kommen heute von der Wissenschaft, während die Medien nicht mehr wissen, wie sie Sex thematisieren können. Im „Tatort" spielt man alle möglichen Perversionen durch, und Tageszeitungen bringen gern Reportagen über das Bordell (wie so eins funktioniert) oder ein Escort-Girl, das Sex „schon immer gern mochte", als wäre Sexualität nur durch ihre Hardcore-Randbereiche darstellbar, die den Bürger natürlich brennend interessieren. Der Journalist, wenn er randarf, bebt schon innerlich, wenn er an die Verruchtheit denkt, die er als Voyeur sehen darf und noch dafür bezahlt wird; und dann ist alles so öde und clean wie die Plastiktische vom Schnellimbiss, weil alles zur Ware wird.

Da wir mittlerweile wissen, dass in einer Studie ein Drittel der Befragten angab, während intimer Begegnungen schon mal am Smartphone zu antworten (Psychology today, September 2014), wundert uns nichts mehr. So etwas steigerte das Empörungsniveau bei den Nicht-Usern, für die Sex etwas Heiliges ist. Doch die Partnerin hat vielleicht sogar Verständnis; sie würde ja an seiner Stelle vielleicht ähnlich reagieren, wenn sie sich das traute, aber vielleicht trauen sich Frauen das nicht.

Jean Twenge fand heraus, dass nur 56% der älteren High-School-Angehörigen 2015 zu „Dates" gingen; für die Boomers (die bis 1965 Geborenen) und die von der Generation X (Geburtsjahre von 1965 bis 1980) lag die Zahl bei 85%.

Der Rückgang beim „Daten" findet sich auch bei der sexuellen Aktivität wieder. Am stärksten ist der Rückgang bei den Ninth-graders, die man auch „Freshmen" nennt. Sie sind 14 oder 15 Jahre alt und haben nun um 40% weniger Sex als noch 1991. Der durchschnittliche Teen hat nun zum ersten Mal mit 17 Jahren Sex, im Frühjahr der 11. Klasse. Das wurde mancherorts als positiv gesehen: Die Geburtenrate bei Teens sank 2016 auf ein nie gesehenes Tief und lag 67% unter der Zahl von 1991. (Jean M. Twenge)

Vielleicht haben die Jungen weniger Sex, weil sie Porno gucken? 25 Prozent aller Suchanfragen beziehen sich darauf, und unlängst hat Wolf Reiser in seinem Beitrag „Verheddert im Netz" (Lettre international 121) ein düsteres Bild gezeichnet. Die Angebote sind an Widerwärtigkeit nicht zu überbieten, sind natürlich pathologisch frauenfeindlich (so ist Pornografie) und sadistisch, und die Spots enden nicht selten mit dem (gespielten) Tod einer Darstellerin. All das wird in Kalifornien in Studios in Serie produziert, ist frei im Netz zu kriegen, und die Folgen von massenhaftem Porno-Konsum für das Menschenbild junger Menschen sind unabsehbar. Wie Reiser feststellt, scheint aber niemand etwas dagegen zu tun.

Sex und Liebe. Schon heute wählen Nutzer über das Service-Portal Tinder potenzielle Partner aus. Nach links oder rechts wischen, je nachdem, ob Aussehen gefällt; ein „Match" (jeder wischt den anderen in den „Einkaufskorb") – und man trifft sich. Primitiv, aber wirkungsvoll für die erste Anbahnung. Alles solle heute immer schneller und effizienter laufen, meint Trendbeobachter Matthias Haas. Die Beziehungen werden homogener – man wählt jemanden aus der eigenen sozialen Schicht – und immer mehr über Geld definiert sein.

Dennoch ist heute Liebesglück alles, wie es auch schon früher alles war.

78% meinten in einer Umfrage, dass eine Liebesbeziehung sie glücklich mache, während für 47 Prozent Geld Glück bedeutete. (Die Zeitschrift schrieb, „gerade mal 47%"; 47% sind fast die Hälfte der Befragten, also nicht nur „gerade mal".) Die Suche nach diesem Glück könnte auch ins Unglück führen, denn je größer der Wunsch nach Liebesglück, umso größer auch der Druck, der auf der Partnersuche und der Partnerwahl lastet" (Eric Hegmann, Paarberater). Das war schon früher so, das war klar, man musste nicht darüber reden.[62]

Die perfekte Liebesbeziehung fußt auf bedingungsloser Liebe. Bei ihr spielt es keine Rolle, ob man etwas verpasst, und um das Mitkriegen geht es gleich gar nicht. Man fühlt sich aufgehoben und daheim.

Fakes und Lügen

Oder jemand – wie schreibt man das? – liefert ein „Fake", sie „faket" (wie nah der „Fake" doch am „Fakt" ist; wie schnell wird der Fake ein Fakt!), schafft statt eines Faktums ein „Faketum" – und nennt einen falschen Termin, weil sie vielleicht ein Auge auf einen Jungen geworfen hat, der sich für sie interessiert. Vieles kann sein, alles kann sein. Wir befinden uns in einer großen, allen offenen Theateraufführung mit Heldin-

62 Geld oder Liebe, Lea, Jan. 2018

nen und Schurkinnen, in der „nichts ist, wie es scheint“, was seit Jahrzehnten in Klappentexten über Krimis zu lesen ist.

Bist du die, für die du dich ausgibst? *Fake people* gibt es im Netz vielleicht mehr als echte „People“, warnt uns Jaron Lanier. Die „Bots“ walzen in Sekundenschnelle alles platt, blockieren Internetseiten, aber dann gibt es auch falsche Restaurantbewertungen und Truppen erlogener Followers, die automatisch generiert und blitzschnell in Stellung gebracht werden. Bist du diejenige, mit der ich verkehren möchte? Computerprogramme können Konversationen nachbilden, plötzlich bewegen wir uns auf unsicherem Boden und könnten uns fühlen wie jemand mit dem *Capgras-Syndrom*, der meint, seine Freunde seien durch Doppelgänger ersetzt worden.

Graham Greene war ein Meister darin, doppelbödige Situationen zu erschaffen. Ein gut bezahlter Agent in Mittelamerika meldete getreulich Nachrichten in die Zentrale, die er von seinen (erfundenen) Mitarbeitern bekommen haben wollte. Dann kommt ein Mann aus der Zentrale für einen Kontrollbesuch vorbei, und der Agent deutet ihm bei einem Spaziergang einige seiner Mit-Agenten aus, und der Besucher ist zufrieden, da die Kandidaten sich verdächtig benehmen; Er hat hineingedeutet, was er glauben wollte – dass sie Agenten sind. Oder man hält etwas Wahres für etwas Falsches. „Ein echtes Symptom könnte ein simuliertes Symptom simulieren“, gab ein Autor zu bedenken. Fake ist vielschichtig. Ein wenig Misstrauen genügt, die ganze Welt ins Wanken zu bringen.

Fake News verbreiten sich gleichfalls blitzartig, erdacht und weitergegeben aus Jux und Dollerei oder einfach aus Profitgier. „Es ist dahin gekommen, dass Lüge wie Wahrheit klingt, Wahrheit wie Lüge“, schrieb Adorno schon 1951, nach der Erfahrung des Krieges und der Diktatur, in denen beiden das erste Opfer immer die Wahrheit ist.

Es entsteht eine falsche Welt, in der verbreitet wird, was man sich wünscht; denn die „Unwahrheit der Wahrheit hat einen Kern, auf den das Unbewusste begierig anspricht“.[63] Hat nur noch die absolute Lüge die Freiheit, die Wahrheit zu sagen? Die Fake News jedenfalls sollten uns erschüttern; sie sind ein Schlag ins Gesicht einer Gesellschaft, die auf Wissenschaft gründet und sich für rational hält. Kann man sich in solch einem Umfeld, in dem man alles anzweifeln könnte, noch guten Gewissens mit munteren Sätzchen austauschen?

Um Kommentare schreiben zu können, muss man des öfteren eine Rechenaufgabe lösen: Beweise, dass du kein Computer bist! Schon heute sind die Like- und Teilen-Buttons bei Online-Shops nurmehr mit der Zwei-Klick-Variante verfügbar oder in einer neuen Art (von Shariff). So können sie nicht maschinell entstehen, und keine Daten werden weitergegeben. Die Datenschutz-Grundverordnung, die seit 25. Mai 2018 unumstößlich gilt, will dafür sorgen, dass Absender nicht mehr rekonstruiert werden können. Wenn der Sicherheitsgedanke weiter um sich greift und auch die rasche Kommunikation mit einschließt, würde das heitere Texten beschwerlich, und wir würden uns vielleicht überlegen, ob wir da noch mittun wollen.

63 Adorno, Minima Moralia, S. 122

Irrtümer

Ich kann mich auch verspäten und darum den Termin versäumen. Es gibt Leute, die kommen immer zu spät. Der Journalist Stefan Klein schrieb, er und seine Frau seien bei einer Party immer als Letzte gekommen, immer unpünktlich ... und dann, als seine Frau gestorben war und kremiert werden sollte, steckte er in Singapur im Stau – und kam wieder zu spät. Er hätte nicht zu spät kommen wollen, schrieb er, an seine Frau gerichtet! Doch sie werde „vielleicht gelächelt haben dabei", meinte Klein.[64]

Oder ich verlege mein Phone. Auch Carl Gustav Jung hat von Verlegung gesprochen; auch Komplexe können verlegt werden (am liebsten der Sexualkomplex), so dass wir keinen Zugriff auf sie haben. Auf Nebenwegen machen sie sich dann geltend, und so stößt man auf das Ticken und die Tricks der Millennials.

Oder ich werfe es hinunter, das Phone. Es fällt mir hinunter. Das kann auch Stress sein und übergroße Anspannung – oder eben unbewusste Abwehr. Freud wusste zu erzählen, wie es ihm gelang, ein Kunstobjekt, gegen das er schon immer eine innere Abneigung gehegt hatte, so genial umzuwerfen, dass es total zerstört wurde.

64 Klein, Die Reisen nach Jerusalem (2002), S. 174

In der schönen, überaus aufgeräumten Wohnung meiner früheren Partnerin, in der kaum Objekte stehen, gelingt es mir dennoch einmal im Jahr, etwas zu zertrümmern. Ich will das nicht, ich passe immer höllisch auf – und zielgenau fällt etwas zu Boden. Vielleicht will ich mich so geltend machen (meine Wohnung ist voll mit tausend Objekten), aber manchmal ist es auch besser, wir wissen nicht genau, was dahintersteckt.

Adam Phillips meint auch, es gebe nicht 571 Phobien, sondern nur eine einzige: Die Angst, sich selbst kennenzulernen. Wir sind dunkel und tief; und was wir kriegen, wenn wir etwas nicht mitkriegen, sei nicht so offensichtlich, wie es scheine. Wir können weder uns noch den anderen kennen und sollten den Gedanken daran überhaupt aufgeben. Stattdessen sollten wir die Existenz des anderen anerkennen und uns darüber freuen, dass es ihn gibt. Der Mitmensch erscheint mir fremd, ist aber gleichwohl mir verwandt. Ich schreibe ihm dennoch, in der Hoffnung, verstanden zu werden und keine Irrtümer zu produzieren.

Schon der einsame Ego-Performer hat Mühe, sich gut in Stellung zu bringen; für Politiker ist es auch nicht einfacher geworden. Präsident Trump schreibt vor dem Schlafengehen mal schnell drei Tweets, aber er ist der Präsident. Andere wissen, dass ein guter Tweet zur rechten Zeit die Karriere boostet, aber man kann auch vieles falsch machen. Wann schreiben, was schreiben, stillhalten oder Laut geben? Das kann einem, der in der Politik seinen Weg machen will, schon schlaflose Nächte bescheren.

Das Schreiben

500 Millionen Tweets werden jeden Tag gesendet oder ausgeschüttet, und da geht der eigene vielleicht unter – oder man selbst geht unter, wenn der Tweet unglücklich formuliert ist und sich wie ein Lauffeuer verbreitet, wofür die „fünfte Gewalt der vernetzten Vielen" (der Germanist Bernhard Pörksen in einem Interview) schon sorgt. Alle leiten weiter, bis die Lawine am Laufen ist.

Die fünfte Gewalt? Wir erinnern uns, dass es drei Gewalten im Staat gibt: Die Legislative (das Parlament, es gibt die Gesetze), die Exekutive (Regierung und Verwaltung führen sie aus) und die Jurisdiktion (die Gerichte; sie entscheiden über Streitfälle). Als die vierte Gewalt im Staate wurde gern die Presse bezeichnet. Und nun: Nummer fünf.

Es wird ja viel geschrieben. Früher wurde telefoniert. Bei den ersten Nutzern des Telefons war Entsetzen zu beobachten: Die Stimme des Anderen aus dem Nichts schien von seinem Geist zu kommen. Er lebte ja hunderte Meilen entfernt, wie konnte seine Stimme am eigenen Ohr sein?

Alles schon vorbei. „Asynchrone textuelle Kommmunikation ist heute die Ebene, auf der jeder fernkommuniziert", schrieb James Fisher.[65] Junge Leute texten lieber, als dass sie „talken". In einem Gespräch könne man nicht kontrollieren, was man

65 Lovink, S. 18

sage, sagte ein junger Mann Sherry Turkle, die die Konversation wieder aufleben lassen will. Verfasser sind also Aufpasser geworden. „Der Konformitätsdruck und die Selbstverpflichtung, immer das Richtige zu sagen, haben ihren Ursprung auf Social-Media-Kanälen“, urteilt der Blogger Schlecky Silberstein, der weiß, dass ein Gespräch „die einzige umfassende Kommunikation ist“.[66]

Doch das Geschriebene und das Gesprochene werden einander ähnlich. Schreiben als Kunst gibt es kaum mehr, Romane sind Geschwätz und Weitergabe von Informationen, und nur Twitter hat zuweilen geniale Vignetten ausgelöst. So wie die Leute schreiben, reden sie häufig auch. Sie sprechen, und man hat den Eindruck, sie schreiben. Sie wollen weder Antworten noch Rechtfertigungen; sie wollen nur ihr „Ding loswerden“. Wenn deine Aussage doch durchkommt, rechtfertigen sie sich selber sogleich, weil sie sich angegriffen fühlen, denn sie vermuten immer ein geheimes Ziel hinter dem, was du sagst. Kommunizieren ist schwierig geworden. Manfred Spitzer macht als Psychiater häufig die Beobachtung, „dass Jugendliche nicht mehr wissen, was man sagen und was man nicht sagen sollte – wahrscheinlich, weil sie nur selten mit jemandem sprechen“.[67]

In einer Medienfachschule in Amsterdam, scheibt Geert Lovink, sei eine Kommunikationsklasse eingerichtet worden, da die „Digital Natives“ es bei Telefongesprächen an Routine vermissen lassen. Sie wissen nicht mehr, wie das geht. Kinder

---

66 Silberstein, S. 198/199

67 Spitzer, Digitale Demenz, S. 111

können zum Beispiel auch Uhren nicht mehr lesen. Die Normaluhren, die man „analoge Uhren“ nennt, senden ihnen rätselhafte Zeichen zu, weshalb Großbritannien sie in Schulen abschaffte. Viele Fertigkeiten und Fähigkeiten verschwinden so schnell, wie die Telefonzellen verschwunden sind.

Seltsam. Auch Konventionen fallen weg. Keine Zeit, weil man woanders wieder einmal nichts verpassen möchte? Man redigiert eine Uni-Arbeit und schickt sie zurück, es war knapp, aber: keine Antwort. Kommentarlos werden die Dinge bisweilen geschluckt. Es fing im Film an, als plötzlich Schauspieler ihr Getränk halb voll stehen ließen und verschwanden oder das Telefon ohne Abschiedsgruß einhängten. Heute überholen einen zuweilen Radfahrer, als wäre man eine Gemüsekiste am Straßenrand, grußlos und wortlos. Früher wechselte man noch ein paar Worte. Man will einen Rat zur Route geben, erfährt aber Abwehr und Feindseligkeit; die Leute wollen in Ruhe ihr GPS-Gerät programmieren und dabei nicht gestört werden. Menschen gehen einem nicht mehr aus dem Weg oder postieren sich am Bahnsteig so nah an anderen, dass es unangenehm wirkt. Das Sensorium für den Anderen ist gestört.

Im Silicon Valley legt man darum wieder Wert auf „persönliche Nähe und persönlichen Austausch“, heißt es in einer Studie über den Einfluss der Digitalisierung auf Führungskräfte. Um die Innovationskultur zu fördern, solle mehr „analoge Kommunikation“ geübt werden. (Was früher Gespräch hieß, ist heute analoge Kommunikation.) Eine Mail an die Kollegin zwei Türen weiter zu schreiben, ist umständlicher, als sie anzurufen oder ... dort anzuklopfen. Der Mensch ist bequem, und Selbstverständlichkeiten gehen verloren.

Man gibt sich Mühe und schreibt (schnell soll es auch gehen, spontan soll es aussehen), und dann steht es da, schwarz auf weiß, und eine Korrektur wird schwierig. Da heute wenig gelesen wird, erkennen nicht alle die Fallstricke und Geheimnisse der Grammatik und produzieren vielleicht etwas, das man missverständlich lesen kann. Da steht es nun. Zurückholen lässte es sich nicht. Wer schreibt, entblößt sich, ohne es zu ahnen. Zum Glück ahnen die anderen auch nicht, dass man sich entblößt hat, weil sie von der Sprache keine Ahnung haben.

Der Philosoph Platon misstraute dem Schriftlichen, darum gab er nur wieder, was Sokrates so sagte, seine Dialoge. Er lässt ihn sagen, Geschriebenes wirke zwar, als habe es Verstand, „kann aber, wenn jemand nachfragt, immer nur dasselbe wiederholen".[68] Im Judentum heißt es, Moses habe auf dem Berg Sinai die Tora erhalten (die ersten fünf Bücher der Bibel), jedoch auch einen mündlichen Kommentar dazu, der die schriftliche Tora erläutere, die nicht die richtige Tora sei. Alles Geschriebene ist diskutierbar, interpretierbar, fragwürdig. Das gilt auch für den letzten Satz. Jeder Satz ist ein Wagnis. Ja? Dieser Satz aus fünf Wörtern zeigt uns schon, was Sprache ist. „Ich meine, dass jeder Satz ein ziemlich großes Wagnis ist", hätte ich formulieren können. Aber Sprache geht vom Sprecher oder der Sprecherin aus und ist schlichtweg radikal. Keine Zwischentöne, es wird frech behauptet.

68 Neumaier, Die Rache des Placebos (2016), S. 45

Nicht das Verpassen, sondern das Schreiben müsste man fürchten: Fear of Writing Down, FoWD! Führt gelegentlich zur allbekannten Schreibblockade, dem „writer's block". Den kennen junge Texter nicht. Oder doch? Ich will ihr schreiben, die ich verehre, will sie um ein Treffen bitten, wie formuliere ich das. Die Zeit drängt, und ich bin wie gelähmt.

Schreiben früher

Seit wann gibt es Kommunikationskanäle? Zwei Leute auf dem Dorf unterhalten sich ja schon über einen Kommunikationskanal, den einfachsten der Welt; und wenn sie über den „seltsamen Nachbarn" sprechen, tuscheln und zu ihm hinschauen, wenn er vorbeigeht, fühlt sich dieser schon unwohl, fühlt sich ausgeschlossen. Kein Wunder, dass Verfolgungswahn eine westliche Krankheit ist. Der oder die scheinbar Verurteilte kommt wieder ins Spiel, wenn er es nicht verpasst, sich mit einem anzufreunden, der im Dorf etwas zu sagen hat. Auf dem bayerischen Dorf durfte er es nicht verpassen, ins Wirtshaus zu gehen, um dazuzugehören.

Vor tausend Jahren war gut dran, wer adelig und Ritter war, aber auch dann musste er aufpassen: Es galt, auf dem richtigen Turnier auf sich aufmerksam zu machen, um die richtige Frau zu werben und sie zu gewinnen – möglichst eine mit Gutsbesitz und Titel –, um in der Rangliste hochzusteigen und im Land mitreden zu können. Am Hofe König Ludwigs XIV. lebten 3.000 Menschen, und der Höfling musste klug vorgehen: Er musste „antichambrieren“. Das *Anti-Chambre* war das Vorzimmer. Da musste er auftauchen, herumlungern und sich aufspielen, wenn er den antraf, der wichtig war. Er erzählte dann Gerüchte über erotische Exzesse oder Betrügereien des Konkurrenten, um eine Stufe höherzusteigen. Schlau musste man sein, und keine Chance durfte man verpassen, präsent zu sein: Beim Fest die richtigen Kleider tragen, von der richtigen Frau begleitet sein, beim König einen Eindruck hinterlassen.

Die hektische SMS-Kommunikation mit dem/r Geliebten gab es früher auch schon. „Billets doux“ hießen früher die kurzen Botschaften, die man der/dem Geliebten schrieb: die „süßen Billette“. Länger als ein Tweet heute sollten sie nicht sein. Verliebtsein ist Entflammtsein, und ein paar leidenschaftlich glühende Worte setzen mehr in Brand als eine kühle Konstruktion mit Einleitung und Nebensatz.

Wenn Absender und Empfänger in derselben Stadt lebten, konnte man einen Boten beauftragen (oder selber tätig werden), sonst: die Post. Dauerte früher zwar lange, aber wer täglich ein Briefchen verschickt, erzeugt auch ein „Bombardement d’amour“, das seine Wirkung nicht verfehlen wird. Der Dichter Christoph Maria Wieland aus dem 17. Jahrhundert musste in die Schweiz zu Bodmer und schrieb von dort seiner Sophie von LaRoche „Briefe über Briefe. Jeden Abend lag ein anderer Gruß von ihm auf ihrem Bett“, steht in einem Roman über LaRoches Leben.

Das geht witziger. Edmond Rostand schildert seinen Cyrano de Bergerac, die Hauptfigur seines gleichnamigen Theaterstücks von 1897, als unsterblich verliebt in seine Cousine Roxane. Leider hat er eine große Nase und hält sich für hässlich; Roxane wiederum verehrt den schönen, aber etwas beschränkten Soldaten Christian. Also schreibt Cyrano hitzige poetische Liebesbriefe an Roxane – in Christians Namen. Einer in der Woche war ausgemacht. Doch seine Leidenschaft ist nicht zu bremsen ... bis ein Treffen von Christian mit Roxane in Aussicht steht.

Nun nimmt Cyrano den guten Christian beseite: „Du, im Fall dass Roxane mit dir über diese Briefe sprechen sollte ... Ja, was? ... Du hast ihr öfter geschrieben, als du meinst. ... So einfach? Und – hab ich ihr öfter als einmal in der Woche geschrieben? Zwei Briefe? Drei? Vier? ... Mehr (sagt Cyrano). ... Jeden Tag? ... Ja, jeden Tag. - Zwei Mal." Dann kommt Roxane und schwärmt (Christian an): „Ihre Briefe haben mich benebelt! Wieviel Briefe Ihr mir seit einem Monat schreibt. Und immer schönere!"[69]

Billets doux und Billets docx. Aber Mail-Anhänge sind unschick. SMS' muss man dosieren, auch Botschaften via What's app sollten nicht stündlich erfolgen. Die Liebe ist wie die Kunst eine ästhetische Form, eine Frage des Geschmacks. Aber dann wieder – wenn Leidenschaft da ist, soll sie sich ausleben. Zur Hölle mit den Formen! Wer sich zurücknimmt, verpasst den Sinn des Verliebtseins.

69 Rostand, Cyrano de Bergerac (1993), S. 287-290

Und das Warten

Man schickt eine Textnachricht ab und erwartet eine Antwort: Texpectation. Es ist, wie Lovink wiederum schreibt, „ein langer und schmerzhafter Moment des Wartens“. Bis es dann *kling* macht oder *pling* oder *wau*. Manchmal hält man das Warten kaum mehr aus und ist gestresst.

Aber auch das geforderte Antworten stresst. Je länger eine E-Mail angekommen ist, aber noch nicht gelesen wurde, desto größer die innere Unruhe. Und gelesen ist noch nicht geantwortet. Nun ist man gefordert. Der Adressat „ist stets Opfer und muss reagieren“, meint Silberstein.[70]

Man muss immerzu warten. Auf das nächste nicht zu verpassende Ding; auf die Befriedigung. Das Warten auf etwas gehört so sehr zum Menschen, dass Autoren ganze Romane und Stücke um das Warten herum gezimmert haben. Benjamin Korn schrieb in einem Aufsatz über den Regisseur Jürgen Flimm, ihm sei bei dem Stück „Onkel Wanja“ von Anton Tschechow „etwas Seltenes, Paradoxes, sehr Schwieriges gelungen: sich langweilende Menschen zu zeigen, ohne dass die Inszenierung je langweilig wurde. Man sah den Menschen gebannt beim Warten zu. Warten auf etwas, das nie kommt, so dass dieses Warten zuletzt das Leben selbst war ...“[71]

70 Silberstein, S. 194
71 Korn, Rampentheater

Das berühmteste Stück über das Warten ist freilich Samuel Becketts „Warten auf Godot“. Beckett, schrieb eine Autorin (Stefana Sabin), „fand immer neue sprachliche Möglichkeiten, das Versagen der Sprache zu versprachlichen“. Der irische Literatur-Nobelpreisträger wurde auch durch einen Rat bekannt: „Wieder versuchen. Wieder scheitern. Besser scheitern.“ Godot bleibt aus. Ein Junge kündigt zwar an, Godot werde nicht heute, aber morgen kommen. Dieses Warten, mit dem sich Wladimir und Estragon die Zeit vertreiben, ist herzzerreißend.

Auch wenn das Erwartete eintrifft, ist man enttäuscht. Was kommt, hatte man erwartet, nichts weniger als das, und man hatte vielleicht etwas anderes erhofft, aber Wunder gibt es selten. Manchmal aber kommt es vor, dass etwas eintrifft, mit dem man nicht gerechnet, das man nicht erwartet hatte. Und kaum hat man es bekommen, wusste man, dass genau das gefehlt hat, dass man begehrte ohne Ziel, sich gelangweilt hat. So ist das, wenn man jemanden trifft, in den man sich verliebt. Erst dann merkt man, wie sehr er einem gefehlt hat, ohne einem gefehlt zu haben. Und sofort beginnt er einem zu fehlen.

Befriedigt sein

Wir müssen um unsere Frustration wissen, um unsere Befriedigung ersinnen zu können. Es passiert also erst einmal in der Fantasie, im Kopf. Nachdem das Ich, das dem Lustprinzip folgt, seine Wünsche kundgetan hat, sollte das Ich zum Einsatz kommen, das an das Realitätsprinzip glaubt: Zugriff!

Wir malen uns erst alles aus, auch wenn wir uns dessen nicht immer bewusst sind; wir spielen Szenen durch und kommen zu Schlussfolgerungen, in denen es um Befriedigung geht, und das allein sei schon befriedigend, meint Phillips.[72]

Der uns dann auch warnt: Fantasien können zum Selbstzweck werden und sich so ausbreiten, dass sie alles zudecken. In unseren Fantasien verstecken wir uns vor der Möglichkeit, echte Befriedigung zu erreichen. Wir pflegen unsere Tagträume und vergessen, dass sie umsetzbar sind. Wir verpassen die Realisierung! Wir sollten uns unser Begehren, so Phillips, nicht ohne ein „Objekt der Begierde" vorstellen, aber zu genau sollten wir uns die Details der Erfüllung nicht vor Augen führen. Immer etwas ironisch sollten wir uns dabei begutachten; denn nur die Realität kann uns wirklich befriedigen, alles andere ist Illusion und leerer Hauch.

Neben den Fantasien gibt es noch eine weitere Gefahr: Wissen zu wollen. Nach dem Therapeuten Lacan ist das die blindeste unserer Leidenschaften. Die Begierde flüchtet sich in eine Gewissheit. Statt eines Kusses will sie eine geschriebene Zeile oder die mündliche Zusicherung, dass sie geliebt wird. Der tragische Held bei Shakespeare will oft wissen, ob die Angebetete ihm treu ist. Er stellt sie auf die Probe, doch damit bringt er alles durcheinander und Unheil über alle.

---

72 Phillips, Missing Out (2012), S. 140

Das Problem ist, dass der tragische Held zu genau weiß, was er will. Mit der Brechstange will er das durchsetzen, und dann erst wird es tragisch. Er ist süchtig nach Wissen, und er meint zu wissen, was er will. Wissen wir immer, was wir wollen? Vielleicht bekommen wir, was wir gewollt haben, um zu merken, dass wir das doch nicht gewollt haben. Das ist dann ein Lernprozess.

Heute ist das schwieriger als früher, als die Quellen der Befriedigung wenige waren. Heute gibt es viele, sehr viele. Ich kann freilich etwas austesten oder antesten, etwas virtuell miterleben, etwas verschieben. Das fängt mit den Fernsehsendern an. Ich kann herumzappen, bei einem guten Film hängenbleiben (den Anfang kenne ich nicht), vielleicht aber gibt's etwas Besseres, so sehe ich Häppchen und bekomme Appetit, aber nach einer Stunde bin ich nicht satt, sondern unzufrieden. Vielleicht müssen wir uns dennoch entscheiden, und wir wissen, dass es keine Befriedigung ohne Konflikt gibt – oder ohne miteinander konkurrierende Befriedigungen.

Wie zwei, drei oder vier Schlangen an den Supermarkt-Kassen. Du stehst immer an der falschen (alle meinen das). Nebenan oder drei Schlangen weiter geht es schneller. Den Platz aufgeben und sich dort einreihen? Könnte richtig, könnte aber auch eine Fehlentscheidung sein. Die Entscheidung für eine andere Schlange könnte sogar die altbekannte Maxime „Wie du's machst, ist es falsch" illustrieren: Denn plötzlich geht es in deiner alten Schlange schneller vorwärts, wie ironisch! Du fühlst dich verhöhnt. Die Arbeit von Ryan Buell hilft uns nur bedingt weiter. Eine italienische Zeitung bezeichnete ihn als „Professor für Service-Management der Harvard-Universität“, was Wikipedia nicht bestätigen mag; da ist er bloß ein junger Forscher des Paranormalen, und seine Forschung wurde vom linksliberalen „Guardian“ veröffentlicht, einer ganz normalen Tageszeitung.

Buell hat, das Phänomen untersuchend, die „Last Place Aversion“ hervorgehoben. Wer Letzter in einer Schlange an der Kasse ist, verlässt diese vier Mal öfter als einer mittendrin. Weil es ihm nicht behagt, Letzter zu sein. (In einer Weltreligion wird diesen allerdings zugesichert, sie – die Letzten – würden im Paradies die Ersten sein. Nach einer gewissen Wartezeit stimmt es auch an der Kasse.) Bleibt der Eindruck, mit der Einreihung in die neue Schlange einen Fehler begangen zu haben. Ein objektiver Eindruck? Aber das Problem der richtigen Supermarktkasse ist eine Metapher für das Problem des Verpassens und das Phantom-Leben, das uns unsichtbar begleitet, denn unsichtbar siehst du dich in der alten Schlange stehen und wärst – traurig zu sehen – schon am Ziel.[73]

Jedenfalls wird, wer nichts verpassen will, scharf aufpassen und stets wachsam sein müssen wie der „Soldat Christi“ oder die Jungfrauen in der biblischen Geschichte. Seid wachsam, denn ihr wisst nie, wann der Herr kommt (und wann das Ding, das man nicht verpassen darf)! Fast militärische Disziplin ist dazu nötig und Konzentration, die der Samurai haben musste.

73 In fila alla cassa, La Repubblica

In den 48 Lehrsätzen seines Buches „Hagakure“ skizziert Jōchō Yamamoto (1668-1719), was der seinem Meister treue Samurai beherzigen solle. Er könne nicht zu viel Energie haben, behauptet er in Satz 1, und Satz 2 beginnt mit der berühmt gewordenen Erklärung: „Ich habe entdeckt, dass der Weg des Samurai der Weg des Todes ist.“ Yamamoto meint, wer stets bereit sei zu sterben, könne nichts Falsches tun; dann stehe er über den Dingen. Da die Vorbereitung lange gedauert hat, könne eine Entscheidung rasch erfolgen. Der Moment der Entscheidung zeichnet sich in der Ferne ab, und dann bricht er über einen herein. Es sei kein Leben, wenn man nicht auf die höchste Entscheidung vorbereitet sei, die auf uns seit Langem warte, als ein Werk des Schicksals vielleicht.[74]

Jōchō Yamamoto, der sich mit zweiundvierzig Jahren in die Einsamkeit zurückzog, bis er zwanzig Jahre danach starb, prangerte auch einen Verfall der Sitten an: Der Mensch vernachlässige sich. Bis zur Mitte des 17. Jahrhunderts hätten die Samurai sich jeden Morgen gründlich gepflegt und ihre Waffen gereinigt und eingeölt. Der Samurai solle sich immer in Bestform präsentieren, denn jede Minute könne er in einen Kampf verwickelt werden, und da müsse er gut aussehen, um seine Ehre zu wahren.

74 Mishima, S. 10/85/86

Was die Gesellschaft uns antut

Phantomleben

Die Verpassens-Ideologie greift um sich. Verpassen wir das „richtige Leben“? Oder ist es so, wie der Dichter Randall James meinte: „Die Art und Weise, wie wir unser Leben verpassen, ist unser Leben.“ Wir sind das, was wir (auch) nicht sind. So viele ungelebte Leben waren möglich, keins wurde wahr. Darum sind wir nie allein: Mit uns (und in uns) sind stets die Menschen, die wir nicht geworden sind. Sie sind wie Geister, wie Phantome, wie Schatten.

Unser Leben – „eine Elegie von nicht erfüllten Bedürfnissen und geopferten Sehnsüchten, von zurückgewiesenen Möglichkeiten und von Straßen, die wir nicht gingen“, schreibt Adam Phillips. Wir hätten das Gefühl, dass unser Leben durch einen Verlust bestimmt werde: Einen Verlust an Dingen, die wir nicht erfahren haben. ... Unsere ersehnten und verpassten Leben, *the lives we miss out on* (und erst die women, die *wives we miss out on*, die Frauen ...) gehören zu unserem Werkzeugkasten, mit dem wir an dem Problem der unvermeidbaren Verschwendung von Lebenskraft herumschrauben.[75]

So werden wir besessen von dem, was in unserem Leben fehlt, und von dem, was uns die Befriedigungen sabotiert, die wir suchen. Unsere Fantasieleben sind aber nicht eine Ausflucht aus dem Leben und nicht eine Alternative dazu, sondern gehören zu einem normalen Leben. In einem Paar, verrät uns der Therapeut Phillips, hat jeder der beiden eine Beziehung zu den ungelebten Leben des Partners; am Anfang ist es eine Beziehung zwischen zwei potenziellen Selbst.

Wir führen andauernd ein Doppelleben: Da gibt es etwas, das wir uns wünschen, und etwas, das passiert. Das Missverhältnis zwischen dem, was wir wollen, und dem, was „geht“, was wirklich verfügbar ist, steht am Anfang unserer Erfahrung, etwas zu verpassen. Etwas nicht mitzukriegen, mit etwas davonzukommen und aus etwas herauszukommen – alles Gedanken aus dem Phillips-Buch – „sind alles Kapitel in unseren ungelebten Leben, potenziell produktive Formen gewöhnlicher Frustration“. Dann werde verglichen. Wir entscheiden durch Ausschließen. Wenn wir eine Erfahrung verpassen, haben wir eine andere. „Die richtige Wahl ist die, die uns die Alternativen vergessen lässt; aber wir können nie

75 Phillips, X, XIV

vorher wissen, was die richtige Wahl ist. Wir wissen nie, ob nicht etwa eine Frustration zur nächsten führt."[76]

Das ist ein Dilemma, auf das es keine Antwort gibt. Wir sind dazu verdammt, Dinge zu verpassen, während wir unserem Leben nachgehen.

Vermeidung

Oder wir sind zur Untätigkeit verdammt; wir verdammen uns selbst dazu, um unerträgliche Angst zu vermeiden. Wer Furcht vor weiten Plätzen hat, meidet weite leere Plätze; wer klaustrophob ist, steigt in keinen Aufzug. Wer Angst hat zu versagen, kriegt es irgendwie hin, dass er keine Situation mehr erlebt, in der er versagen könnte. Damit beraubt er sich der Chance, es einmal hinzukriegen, aber manches Mal greifen da unbewusste Mechanismen.

Man kriegt die Situation nicht mit, als hätte einem jemand einen Schleier über das Gesicht gezogen. So wie die griechische Göttin den Helden, den sie liebte, „entbarg" und ihn mitten aus der Schlacht holte, so hält uns ein innerer Gott davor ab, zu scheitern. Er meint es ja nur gut. Einfacher gesagt: Wir vermeiden unbewusst die gefährliche Situation; und diese Vermeidung wird dann leicht zum System und zum Problem. So hat Freud übrigens die Neurose definiert: Als einen Ausweg, der wiederum zum Problem wird.

76 Ebd., XIX

Man kennt es aus der Behandlung von Zwangsstörungen: Der Rückzug auf das Smartphone hat allmählich Angst vor wirklichen Begegnungen zur Folge, was zu einem weiteren Rückzug führt, der immer gravierender wird.

Zivilisation

Ist die Gesellschaft daran schuld? Die Gesellschaft sind die anderen; aber auch wir selbst. Früher übten der Adel und die Kirche den Druck aus. Die Steuerlast war enorm; der Graf schickte bei den Bauern seinen Steuereintreiber vorbei, der kam mit Peitsche und seinen Knechten, die gerne zuschlugen und auch foltern konnten. Später übernahm der Fabrikherr diese Rolle. Zehn Stunden am Tag für die Proleten, kaum Pausen, kein Wochenende, die Arbeitnehmer waren rechtlos und bessere Sklaven. Sogar Kinder arbeiteten pausenlos, oft im Dunkeln. Alle fielen todmüde ins Bett.

Heute sind die Arbeitsbedingungen angenehm, der Druck ist versteckt und erträglich, zumindest in den wohlhabenden Ländern. Dennoch gibt es die anderen, mit denen wir leben (müssen), und es gibt einen anderen Druck: den Konformitätsdruck. Man will nicht abseits stehen, Funktionen und Rollen haben ihre festen Regeln, fast wie im indischen Kastenwesen, und dies alles haben wir gemeinsam ins Werk gesetzt. Die Gesellschaft, die uns umgibt, sind wir selbst. Würden wir uns kollektiv anders verhalten, würde sich die ganze Gesellschaft verändern.

Norbert Elias meinte einmal, Zivilisation sei der Übergang von Fremdzwängen zu Selbstzwängen. Wir kontrollieren uns selbst und sind darin ziemlich gut.

Wie Jean Starobinski erläutert, bedeutet Zivilisation: „Milderung der Sitten, Erziehung der Geister, Entwicklung der Höflichkeit, Pflege der Künste und Wissenschaften, Förderung des Handels und der Industrie, Errungenschaften materieller Bequemlichkeit und des Luxus." Aber der Begriff Zivilisation „umfasst auch die innere Vervollkommnung der Individuen, den Fortschritt ihrer affektiven und intellektuellen Fähigkeiten, die glückliche Ausdehnung und Vertiefung ihrer wechselseitigen Beziehungen ...".

Heute, im Westen, interessiert weniger der Fortschritt affektiver und intellektueller Fähigkeiten, sondern ein Fortschritt an sich, der wie gewohnt heißt: Immer mehr, immer schneller. Die umgreifende Digitalisierung und die Künstliche Intelligenz (KI) sind Lieblingsprojekte von Forschern und Politikern, mit denen man sich vorgaukelt, dass man ein Ziel hat, dass man weitblickend ist, dass es irgendwie immer besser wird. Der Westen lebt vergnügt mit seinen Scheuklappen und seinen Illusionen, inmitten seiner Filterblase. Die Klimakatastrophe droht, Afrikaner branden an unsere Grenzen, Milliarden Tonnen Plastikmüll drehen sich in Strudeln in den Meeren, doch man will „Smart Homes", selbstfahrende Autos und Pflegeroboter. Mit wolkigen Zukunftsprojektionen redet man über die Probleme der Gegenwart hinweg, mit denen man sich nicht befassen will. Wirtschaftswachstum heißt das Leitbild immer noch. Zuversicht wird verbreitet, die unbegründet ist.

Der Graf Mirabeau, der 1751 als Erster von Zivilisation sprach, erwähnte die „Barbarei der Zivilisationen". Zivilisation und Barbarei seien voneinander nicht zu trennen, sie stünden zueinander in einem Schwebezustand, und wir seien noch nicht gerettet, der erneute Absturz sei möglich, meinte Starobinski.[77] Es zieht sich durch unsere westliche Welt ein negativer Zug. Überall werden Fehler vermerkt, das Positive ist selbstverständlich, man sieht gern Filme und liest Bücher, in denen Menschen sterben (Krimis), lebt in der geldgeschwängerten „heißen Luft der Spiele" auf (Fußball, ein Begriff von Ror Wolf), und die Liebe gibt es pervers (wieder im Krimi) oder verkitscht. Eine Kultur des Untergangs ist das.

Barbarei beginnt mit barbarischen Worten, mit der „Kloake aus Hass und Bösartigkeit aus dem Netz" (Bernhard Pörksen), mit „Hass im Netz" (ein Buch von Ingrid Brodnig). US-Präsident Donald Trump ist nur die Verkörperung einer Dreistigkeit und Plumpheit, die lange unter der Oberfläche schwelte. Die Nationalsozialisten bemächtigten sich des Wortes, der Duktus der 1920er und 1930er Jahre wurde von Pathos, Panikmache und perversem Hass geprägt, und der Sieg der Nazis war ein Aufstand brutaler einfacher Männer, die sich holten, was sie ihrer Meinung nach verdient hatten; Ihre Schlagstöcke zerschlugen und ihre schwarzen Stiefel zertraten die „Guten", die sich immer sorgen und sich nichts trauen.

Nun sind es aggressive Einzeltäter, isoliert in ihrer Klause, die mit Wörtern zuschlagen und manchmal auch beschlie-

77 Starobinksi, Das Rettende in der Gefahr (1983), S. 13/49/64

ßen, dass es eine grausame Tat sein muss. Getrieben werden sie auch durch Angebote im Netz, die ihnen zukommen, weil es zu ihrem Profil passt, und die sie – wenn sie keine menschlichen Kontakte pflegen – in eine unheilvolle Stimmung einspinnen. Mit dem Internet sind wir immer „da draußen" und bilden unsere Ängste und unsere Wut auf andere ab, die angeblich Schuld haben. Wir sind nicht mehr bei uns und in uns. Abschalten heißt, auf sich zurückgeworfen zu sein, mit sich zu Rate zu gehen. Das müssen wir wieder lernen.

Aggressivität ist auch das, was Chöyam Trungpa vor vierzig Jahren treffend „Frivolität" nannte: Das genüssliche Alles-und-Jeden-Kritisieren von einer Warte der Selbstgerechtigkeit herab, der krude Realismus, der keine Tabus mehr kennt und dem nichts heilig ist. Ironie und Sarkasmus und Schadenfreude als Haltung der Welt und den Mitmenschen gegenüber.

Aber es gibt Meinungsfreiheit und jegliche Freiheit, und Zivilisation ist fast ein weltlicher Ersatz für Religion, wir sind so stolz auf sie – bis wieder einmal ein Amerikaner in eine tanzende Menschenmenge schießt, ein Araber, Kanadier oder ein Deutscher mit dem Auto Passantinnen oder Cafégäste zu Tode fährt. „Mit Hammer auf Mann eingeschlagen" (Darmstadt); „Frau in Hannover auf offener Straße niedergestochen": Zwei Meldungen, in einer Zeitung nebeneinander platziert, an einem Tag im Juni 2018. Gewalt wird öffentlich ausagiert, und die Gewalt mit Worten ist der erste Schritt dorthin. Kleine Zeichen addieren sich zu einem Mentekel.

The place to be

„Als das Versprechen der Unsterblichkeit durch das Versprechen von mehr Leben abgelöst wurde“, meint Phillips, „wurde das ungelebte Leben zu einer spukhaften Anwesenheit in einem Leben, das durch nichts mehr legitimiert wird als durch den Wunsch, es zu leben.“ Kein Gott gibt unserem Leben seinen Sinn, der heute darin liegt, dass wir dieses Leben leben.

Appelle lauten: Intensiver leben. Mehr leben (mehr Leben). Träume nicht dein Leben – lebe deinen Traum. Du kannst alles erreichen. Schön sein mit ein paar Besuchen beim Chirurgen, erfolgreich sein durch ein Wochenendseminar. Löse deine inneren Blockaden auf, werde ein neuer Mensch in vier Wochen. *Break the habit to be your old self* – löse dich von der Gewohnheit, dein altes Selbst zu sein. Neu sein. Nutze deine Chancen. Oder: „Du bist anders als die anderen. Du hast Besseres verdient.“ „Ich will alles. Jetzt.“ (Kosmetik-Werbung) Ein Kosmetik-Chef über junge Mädchen: „Sie wollen jetzt und sofort sexy sein.“

Die Medien und die Wirtschaftswelt machen uns ganz schön Druck. Alles Mögliche soll man genießen. Ja, muss man genießen! Wenn du unser Produkt nicht kaufst, wird uns eingeredet, verpasst du etwas. Der Sekt trinkende Mann wirkt selig, als gehörte er zu einer Sekte. Tausende Produkte blicken uns an oder schreien uns gar an, wir sollten sie kaufen.

Die Werbewelt führt ein stetiges Verpass-mich-nicht-Oratorium auf, und Konzerte, Lesungen, Feierstunden soll man besuchen und Reisen antreten. Diese Leute rufen uns an und dringen in unsere Privatsphäre ein, fordern eine Reaktion von uns … Der Konsumkapitalismus ist aggressiv geworden, weil auch die Produzenten nichts verpassen wollen.

Da gibt es Orte, wird uns gesagt, die wir kennen müssten, unbedingt. Das sind meist Städte, zu denen natürlich London und Paris gehören, aber klar, in Berlin und Barcelona sollte man auch mal gewesen sein. War freilich schon immer so. Nach dem Krieg reiste der Nachbar mit Familie nach Italien; das musste man auch schaffen und davon berichten. Da kam schon immer Druck auf, also gleich auf die Malediven oder die Seychellen, auch wenn man noch nie an der Ostsee war. Auch vor den Sozialen Medien haben sich die Bürger untereinander verglichen und wollten es nicht verpassen, auf dem Zeltplatz in Jesolo gewesen zu sein, wo das Leben tobte.

Dann gibt es auch „the place to be“ (den Ort, wo du sein musst) für einen Abend: Der Schauplatz der wichtigsten Fete der Woche zum Beispiel. Da geht nichts drüber, daran führt kein Weg vorbei, du musst an diesem Place sein.

To-Dos und Must-Haves

Damit nicht genug. Es gibt auch witzig gemeinte Bücher, die auflisten, was man bis zu seinem dreißigsten Geburtstag geschafft haben sollte: Nicht nur Berlin, Barcelona oder Bari aufgesucht zu haben, sondern möglichst auch einen Linienflug vor dem Absturz und ein Mädchen vor dem Ertrinken gerettet zu haben; Gründer einer Rockband und in vierundvierzig Ländern der Welt gewesen zu sein, bringt Extrapunkte. So wird ein Autor zum Sprachrohr der Gesellschaft.

Es gibt die Must-Haves für den kommenden Herbst, und es gibt To-Do-Listen, die abgearbeitet werden wollen. Bücher sind nach dem Listen-Prinzip verfertigt und arbeiten mit Schnapszahlen, die den Deutschen so sehr gefallen: „1111 Kicker-Weisheiten", „111 Orte in Deutschland für echte Wein-Genießer". Die Kuriosität wird so lange beschworen, bis sie zur Lachnummer herabsinkt. Auf den Autokennzeichen stellen sie ihr Geburtsdatum aus – oder „9999", „8888" und so fort. Originalität soll sich durch sture Wiederholung einstellen; auch eine Botschaft.

Man kann das alles ignorieren und abtun, doch es gibt keinen Zweifel: Must-Haves und To-Dos sind Methoden (Taktiken, Strategien) der Wirtschaftswelt. Sie will auf jegliche Weise ihren Produkten Gewicht verleihen, vor allem durch massive Werbung, aber mit ihr leben wir ja seit Jahrzehnten. Den Produkten wird Wichtigkeit verliehen, man soll ohne sie nicht leben können, soll ihren Kauf ja nicht verpassen, und je mehr Konkurrenten auf dem Markt, umso mehr Druck. Der Handel mit Waren wird zur Bewusstseinsindustrie. Du darfst mein Produkt nicht verpassen, sonst bist du von gestern. Kauf dir dein Glück!

Imperative, Befehle: Was du im Sommer anziehen und haben musst, wenn du an dem Platz, an dem du sein musst, bist. Da wird nicht mehr nur geworben und uns etwas eingeflüstert, nein: Da wird Druck ausgeübt. Du sollst, ja du musst sogar deinen Urlaub genießen. Befehl: genieße! Darum sollst du arbeiten, denn erst so kannst du die freien Tage „so richtig genießen". Das ist ein Sado-Maso-Rezept, an dem die Katholische Kirche ihre Freude hätte: Leide, um dir Freude zu erkaufen. Und genieße – was immer auch.

Es treten Erlösungshoffnungen auf, wenn etwa die Kosmetiklinie Sephora in Deutschland auftritt. Ein Mädchen schrieb: „Sephora kommt nach Deutschland, und ich weiß nicht, ob ich vor Freude weinen soll oder weil ich nie wieder Geld haben werde." Die Autorin der FAZ zitiert eine andere junge Konsumentin: „Wenn Sephora in Deutschland zukünftig auch *TooFaced* führt, muss ich meine Organe verkaufen gehen ... oder gleich den ganzen Körper." Das war ironisch gemeint. Freudig geben Jung-Konsumenten ihr Taschengeld hin, um die teuren Duschschäume von Bibi ihr eigen zu nennen. Nicht verpassen!

Die Ratgeberbücher: Reiseführer heißen „Gebrauchsanweisung für (Andalusien)". Soll ironisch klingen, drückt aber die

Wahrheit aus. Alles ist Produkt. „111 Orte in Berlin, die man gesehen haben muss." Waren, die als unabdingbar verkauft werden, das muss so sein, jeder verkauft sich selbst: Mineralwasser ein Glücksversprechen, strahlende Menschen beim Verzehr einer Wurst, glückliche Autofahrer alleine in der Wüste ...

Keynote-Speaker, Management-Coaches und Personal-Trainer helfen uns gegen Geld, unsere „Performance" zu verbessern, damit wir Türen aufreißen und uns ungeahnte Möglichkeiten verschaffen. (So können wir Chancen verpassen, von denen wir nie geträumt haben, dass wir sie einmal haben würden!) Pascal Voggenhuber schreibt (oder schreit): „Befrei dein Potenzial!" Eine neue Ego-Religion sucht ohne den Umweg über Gott und mit Marketing-Vokabeln den Weg zum Glück. Aus einer Ankündigung: „... Spiritualität, wie sie zu dir passt. Modern. Individuell. Das ist dein Weg zu dir, ohne starre Muster. Das ist dein Leben im Einklang, ohne vorgegebenen Takt." Meditation für den persönlichen Erfolg. Alles soll Nutzen bringen.

Auch Tageszeitungen geben psychologische Ratschläge, alle wissen am besten, wo es langgeht, alle fühlen sich bemüßigt, uns beim Leben zu helfen. So wie es von allem zu viel gibt, so gibt es auch zu viele Ratschläge, es ist ein Gewirr aus Stimmen, die uns alle ins Gewissen reden. Wir sollen leben und uns freuen. Gelassen sein.

Andere kämpfen – gegen den Berg, gegen sich selbst, gegen eine Krankheit. Obendrein wird Tempo gemacht, in den Firmen und beim Downhill sowieso, wo der Chefredakteur einer einschlägigen Zeitschrift sich fragte, wo der Spieltrieb geblieben sei, und beklagte, alle redeten nur noch von Rekorden. Der Leistungssport, mit dem Fußball an erster Stelle, ist ein Abbild unserer Gesellschaft, in der viele im „Ratten-Rennen" (*rat-race*, ein Begriff aus dem Englischen) laufen, unterwegs sind in einem unerfindlichen Labyrinth, das von einem unbekannten Wissenschaftler überwacht wird. Eine junge Frau setzte ihre Hochzeit am Tag eines wichtigen Fußballspiels an. Die Männer stellten ein Ultimatum: Wir kommen nur, wenn wir das Spiel sehen dürfen! Bei der Verabschiedung eines Theaterintendanten nach acht Jahren saß die Hälfte der Geladenen vor dem Fernseher, weil eine wichtige Fußballpartie übertragen wurde. Das darf man heute; Fußball hat einen hohen sozialen Stellenwert, aber es sagt auch viel aus über einen Verlust an Würde und den fast selbstverständlichen Drang, nichts verpassen, alles „mitnehmen" zu wollen.

Von einer „sich ultraschnell drehenden Ereignisspirale" redet die „Madame"-Chefredakteurin in einem Leitartikel, von der „superlativen Retro-Show" und der „spektakulären Party". Das Spielerische, das „war gestern", sagt man heute. Die Lockerheit ist verschwunden, Humor ist eine Rarität. Wer lacht und über sich selbst zu lachen vermag, hat Distanz und steht ein wenig über den Dingen. Wir stecken heute zu tief drin.

Schon vor fast dreißig Jahren wurde das Leben schneller, eine Gier nach Geschwindigkeit setzte ein, die sich nach dem Mauerfall und dem Triumph des Turbo-Kapitalismus noch verstärkte. Sekundenbruchteile entscheiden im Sport, Minuten gelten das, was früher Stunden waren (die Mitarbeiterin des Sozialdienstes hat ihr Handy neben sich, sie ist seit sechs Minuten bei Frau Huber und darf noch drei Minuten bleiben), die Zeit ist aus den Fugen. Mit dem Zeitmanagement versuchte man, sie in den Griff zu kriegen.

Plötzlich war die Zeit eine kostbare Ressource geworden, die man mit „wissenschaftlichen" Methoden auszudehnen hoffte, indem man viel in sie hineinpackte, wodurch das Leben rasch seinen Charme verliert und zu einer Algebra-Aufgabe wird. Man sah Zeiträuber am Werk, sah seine Lebenszeit von Kleinkram zernagt und dahinschwinden. „Hier wird uns eine Stunde entrissen, dort eine heimlich entzogen, eine andere entschlüpft uns unbemerkt", erkannte der römische Dichter Seneca schon vor 2000 Jahren, bald nach dem „Carpe diem" seines Vorgängers Horaz. Das ganze Leben verfließt den Menschen, „indem sie immer etwas anderes tun, als was sie eigentlich sollten ...". Und wollten.

Die Zeit ist kurz, predigte Paulus seinen Korinthern. Man wurde damals nicht alt. Wir werden älter als jede Generation vor uns, rasen mit Automobilen zu Terminen und ins Café, luxuriöse Nomaden, die wir sind. In der fanatischen Liebe zu den Automobilen schwinge Obdachlosigkeit mit, gab einmal Adorno zu bedenken, und anscheinend sind wir nirgendwo zu Hause, im Haus nicht und in uns nicht, sonst würden wir uns nicht so viel bewegen. Wir haben Angst, etwas zu verpassen. Wir wollen alles, was geht, in unsere Zeit stopfen.

Und doch reicht uns die Zeit anscheinend nicht. Auch wir sind, was wir beinahe getan hätten, was wir nicht geschafft haben: Ein Phantomleben quält uns. Jemand erfand vor langer Zeit „Slow Food", manche träumten von „Entschleunigung", ein Amerikaner, der sich „Slomo" nennt (Slow Motion), warf seinen Job als Arzt hin und gleitet seither nur noch mit seinen Inline-Skatern lustvoll am Meer entlang (Tue, was du gerne tust), aber es hat alles nichts genützt.

Noch einmal: Kontrolle

Volle Kontrolle ist ein Wunsch in dieser Gesellschaft, die alles perfekt verwalten und im Griff behalten will. Manche schließen sich in bunkerartige graue Häuser ein und fahren in Geländewagen umher, die aussehen, als hätten sie zu viel Sahnetorte gefuttert. So kann ihnen nichts passieren, denken sie. Und trotzdem leiden sie unter FoMO. Ein geheimer Trieb steckt in ihnen, sobald ein freier Tag da ist, etwas unternehmen zu müssen. Statt hin- und herfliegender Worte und Sätze auf Facebook fahren dann Autos von Stadt zu Dorf und stehen in den Bergen herum.

Vor „Kontrollverlust" fürchtet sich die Gesellschaft. Die Furcht vor Kontrollverlust – eine von vielleicht 471 Ängsten und „Furchten" – beherrscht Politiker, Sportfunktionäre und Wirtschaftsmanager; und die Furcht, etwas zu verpassen, kennen sie auch: Den richtigen Moment für den zündenden Tweet zum richtigen Thema; den richtigen Moment für die

Entlassung des Trainers; den wichtigen Trend. Im Fußball geht es heute darum, möglichst keinen Fehler zu machen, schon junge Spieler und die Trainer sowieso reden verdreht und abgewogen wie Politiker, und weil überhaupt niemand Fehler machen will, herrscht die Verpassensfurcht so stark vor. Wir sind jedenfalls nicht allein mit unserer Furcht.

Wo Hierarchie herrscht, ist Kontrolle, die umso härter zugreift, je strenger das System aufgestellt ist. Da es um Geld geht, werden die Mitarbeiter im Anschluss an ihren Kundenkontakt sogleich bewertet: Wie zufrieden waren Sie mit unserem Service? Das Geld untergräbt und zerfrisst unser Miteinander. Wer gern einen Service leistet, steht sogleich unter dem Verdacht, nett zu sein, weil er bewertet wird. Alles wird dokumentiert, und in der Verwaltung setzt sich die Ansicht durch, was nicht dokumentiert und bewiesen ist, habe einfach nicht stattgefunden.

Die Welt ist das, was bewiesen werden kann; die Beweislast liegt beim Bürger, beim Konsumenten. So einfach kann man es sich machen: Erfolgskontrolle durch Fakten, und was nicht zu belegen ist, ist nicht erfolgt. Doch Vorsicht: „Was Sie sagen, kann gegen Sie verwendet werden", spricht der FBI-Beamte immer den Festgenommenen vor. Aber was Sie dokumentieren, müssen wir nicht unbedingt glauben, sagt der Bürokrat. Der Rechtsstaat hält Entscheidungen aus Barmherzigkeit oder Gnadenakte für Willkür, doch seine Vertreter üben auch Willkür aus, denn sie legen die Regeln aus und entscheiden, was ihnen genehm ist.

Nun gut. Die logische Folge des Dokumentarzwangs ist, dass Dokumente „frisiert“, dass Nachweise vorgetäuscht werden. Damit gleiten wir in die alte Welt der repressiven, zensierenden Systeme, in der die Getretenen sich wehren, indem sie eine Welt erschaffen, die es nicht gab (wie FoMO zu einer Welt der Phantasie führt: Wie es hätte sein können). Literatur wurde in der DDR und im Stalinismus zu einem „geheimen Ort“, und was wichtig war, wurde auf geniale Weise versteckt. Eine Nebenwelt (und Nebelwelt) entstand.

In der Wissenschaft sorgt man für Erfolgskontrolle durch die sogenannte Evaluation, die nur ein lateinischer Ausdruck für Bewertung ist. Die allerorten um sich greifende Bürokratie mit ihrem Dokumentations- und Rechtfertigungszwang ist digitale Kontrolle. Qualitätskontrolle durch möglichst sofortiges Feedback wird angestrebt, wie es die Kästen am Straßenrand liefern, die der Fahrerin ihr Tempo in Rot anzeigt.

In Diktaturen wird es unangenehm. Moderne Diktaturen seien eine Mischung aus Überwachungs- und Vormundschaftsstaat, schrieb ein Politologe. Die Polizei ist darin sichtbar, die Geheimdienste sind unsichtbar tätig. Die Deutsche Demokratische Republik beschäftigte in ihrer Stasi-Zentrale an der Berliner Normannenstraße 8.000 Beamte, zudem 91.000 hauptamtliche und 189.000 Informelle Mitarbeiter – auf sechzig Bürger entfiel ein Spitzel, und das ließ sich der Staat acht Prozent seines Nationaleinkommens kosten.

Das „soziale Bonitätssystem“, das der chinesische Staat ab 2020 einführen will, kommt ohne größere Kosten aus, einer

App sei Dank. Registriert werden sollen „Gesetzestreue, moralisches Wohlverhalten, soziales Engagement, Aktivitäten im öffentlichen Interesse und Umweltschutz“ jedes einzelnen Bürgers. Abweichungen von sozialen und moralischen Normen werden bestraft. Orwells „1984“ wurde eine Generation später wahr. Nie war Kontrolle einfacher als heute. Und niemand wehrt sich.

Weil jeder mit sich selbst zu tun hat und sich andauernd kontrolliert, ob sein Auftreten ins allgemeine Bild passt. Man vergleicht sich mit anderen, das war schon immer so. Die Gesellschaft sind wir selbst. Wir messen uns am anderen, wollen die angemessene Kleidung tragen und die richtige Sprache sprechen, um dazuzugehören. Die Wirtschaft will uns einreden, wir seien individuell, bis wir es glauben; aber eigentlich sind wir und unsere Produkte bis hin zu den „Künstlern“ und Kunstwerken nur je leicht unterschiedlich ausgebaute Klone.

Der Sozialneid ist verbreitet. Er erklärt den Hang zu unsinnig dicken Autos und zu anstrengenden Fernreisen, und in einer US-Studie gaben Bürger kund, sie würden lieber 70.000 Dollar verdienen, wenn der Nachbar nur 60.000 bekommt, anstatt 80.000, wenn der Konkurrent 90.000 einstriche.

Es gibt ja so viel zu tun, so viel zu lernen. Optimieren, sich selbst zu optimieren ist das Gebot der Stunde, weil über die Social Media Vergleiche möglich werden. Sogar junge Leute lassen sich heute nicht mehr gehen, weil das dem Image schaden könnte. Das Recht, unvollkommen zu sein, fordert Jaron Lanier ein.

Man will den anderen einschüchtern und niederkontern, ihn demütigen und niederhalten. Die Sozialen Medien und die Anonymität des Internets schaffen und verfestigen Schönheitsideale. Junge Mädchen sind dafür besonders anfällig, aber auch junge Männer kommen unter Druck: Heute werden – anders als noch zur Jahrtausendwende – wieder Muskeln an den richtigen Stellen gern gesehen, wofür man im Fitnessstudio etwas tun kann. Mädchen sollen da, und diese Meinung ist nicht selten, eher den Schönheitschirurgen aufsuchen.

Die Außenseite soll glänzen, und man weiß, wie sie ausschauen soll. Die Objekte unserer Welt sind dermaßen ausgereift und wohlgelungen, dass einen Unbehagen überkommt. Weiße, glänzende Limousinen mit Mattleder-Interieur, große, karg und stilvoll fürs schöner Wohnen eingerichtete Suiten mit Blick ins Grüne – fast meint man, der Mensch passe nicht mehr zu seinen perfekten Objekten. Sein Innenleben hat jedenfalls nicht Schritt gehalten, die Arbeit an der Seele kommt immer zu kurz. Wie jedoch das Außen aussehen muss, das ein vages, schönes „Innen“ vertreten soll, das gar nicht mehr wichtig ist, weiß man.

Man will sich perfektionieren, um einem bestimmten Bild zu entsprechen. Die „Madame“-Redakteurin meinte eines Morgens beim Blick in den Spiegel: „Das bist nicht mehr du!“ Nach ein paar Sitzungen in einer „hübschen Praxis in der Münchener City“ hatte sie wieder ein „vergnügtes und leicht verjüngtes Antlitz“, dank Botox (700 Euro) und Filler (pro Spritze 450 Euro). Das „Fresh-up“ fürs Gesicht war erfolgreich. Überschrift: „Endlich wieder ich!“

Ihr Ich im Spiegel war nicht mehr kompatibel gewesen mit ihrem Wunsch-Ich; wie der bösen Königin in „Schneewittchen“ sagte ihr das eine Stimme aus ihrem Inneren, in dem die Außenwelt als Über-Ich regiert. Auch dass man nichts verpassen dürfe, ist eine Botschaft, die von außen kommt.

So zwischendurch fällt einem ein, dass der gefürchtete Kontrollverlust auch etwas Gewünschtes ist. Die große Liebe, die sich jeder Mensch wünscht, ist reiner Kontrollverlust. Ein Gefühl hält einen im Griff, befiehlt und quält. Der „Markt“ setzt auch auf die Liebe und sendet Signale zum Kontrollverlust aus, denn nur die Emotion verführt zum Kauf. In der Tauschökonomie werden Gefühle zur Währung. Leidenschaft wird so häufig im Zusammenhang mit Produkten verwendet, dass man gar nicht mehr weiß, was sie bedeutet. Wenn schon der pfälzische Hausverwalter verspricht, sich „mit Leidenschaft“ um „Ihre Immobilie“ zu kümmern, möchte man lieber nicht leidenschaftlich sein; andererseits heißt Leidenschaft heute vielleicht nicht mehr, die Kontrolle über Bord, sondern seine Kräfte mit aller Macht auf ein Ziel zu werfen. Wollen wir in einer Welt leben, in der Lebensmittel geliebt, Immobilien mit Leidenschaft umsorgt und Liebestreffen vom Computer geplant werden? Wir tun es; es gibt kein richtiges Leben im falschen.

Alle „Messages“ der Gesellschaft zusammengenommen ergeben ein Chaos, als stammten sie von einem gefährlichen Verrückten. Sich widersprechende Informationen führen zu einem „double-bind“, machen einen selber verrückt. Wenn Eltern anders handeln, als sie reden, werden Kinder tatsächlich in ihrer Psyche beschädigt. Wir müssen da einiges ausblenden.

Man darf sich der Botschaft, alles wie am Reißbrett hinzukriegen, ruhig verweigern – wie der Nobelpreisträger Elias Canetti, der sich Mut zum „weitesten Weg“ wünschte, oder Ferdinand Pessoa, der die „am wenigsten kurze Verbindung zwischen zwei Punkten“ suchte. Hauptsache, es ist mein Weg, mein ganz persönlicher. Das bin ich! Die Friedhöfe sind voll von Menschen, die sich für unentbehrlich hielten, heißt es, und viele von ihnen mögen ihr Leben akribisch und zielgerichtet durchgezogen haben.

Denken wir an eine Grabschrift in den USA:

Got everything done.
Died anyway.

Hab alles hingekriegt.
Bin trotzdem gestorben.

Drei Stimmen aus dem Netz:

„Zwischen dem 20. und 26. Geburtstag existiert ein Loch. Wo war ich nochmal? Was hab ich gemacht? Ach was, echt? Bist du dir da sicher? Komischerweise wacht man genau an seinem 26. Geburtstag auf und hat das Gefühl, verschlafen zu haben. Wo sind die Jahre hin? Was habe ich erreicht? Irgendwie, nichts. ... Vor mir schwebt die böse 30.“

„Jedoch bin ich seit ein paar Wochen in eine tiefes Loch gefallen, als mir klar wude, wie viel Zeit ich verschenkt habe und wie viel im Leben ich verpasst habe. Ich würde gerne die Zeit nochmal um zehn Jahre zurückdrehen ... Nun stehe ich da mit Anfang dreißig und weiß immer noch nicht, was ich vom Leben will, stelle nur fest, dass ich im Grunde NIX erreicht habe und NIX von all den tollen Möglichkeiten wahrgenommen habe ...“

„Ich lebe nur so vor mich hin ... wenn ich so nachdenke, ist mein Leben völlig ohne Sinn. ... Die meisten Menschen in meinem Alter haben was zu erzählen ... von Auslandsaufenthalten während dem Studium, Travel and Work nach dem Abi etc. ... Ich habe keine Chance davon wahrgenommen. Dafür hasse ich mich. ... Ich bin jetzt Mitte dreißig und wenn ich zurückdenke: An was erinnere ich mich gerne zurück?“

Die berühmte Midlife-Crisis, die allerdings zwanzig Jahre zu früh eintritt. Der 30. Geburtstag scheint für Frauen ein schlimmes Datum zu sein. Aber vergessen wir nicht, dass eines der berühmtesten Bücher der Menschheit mit der Krise des noch jungen Erzählers beginnt: „Auf halben Weg des Menschenlebens fand / ich mich in einen finstern Wald verschlagen, / Weil ich vom graden Weg mich abgewandt.“ Das sind die ersten drei Zeilen der „Göttlichen Komödie“ von Dante Alighieri, um 1300 geschrieben, und da man damals einem Menschenleben siebzig Jahre zumaß, muss der Wanderer in der Krise fünfunddreißig Jahre alt gewesen sein.

Dante trauerte ja seiner geliebten Beatrice hinterher, die 1290 jung gestorben war, und am Ende, im Paradies, lässt er sich sie treffen. Francesco Petrarca, der genau siebzig Jahre alt wurde, besang fünfzig Jahre später Laura, die er einmal getroffen hatte, die aber unerreichbar für ihn blieb. Die Chilenin Gabriela Mistral und die Deutsche Nelly Sachs, beide Literatur-Nobelpreisträgerinnen, richteten ihre Gedichte an ihre toten Liebhaber. Literatur flüchtet aus der Gegenwart in die Sehnsucht. Schubert hätte sicher auch gern eine Freundin gehabt, dafür hat er die schönsten Lieder und Sonaten geschrieben, seine Sehnsucht kompensierend.

Gerade junge Leute überfällt ein Unbehagen: Ich habe keinen Freund. Du hast das bislang verpasst, ja; aber andere sagen: Du hast dir vielleicht etwas erspart. Doch die Liebe wird als romantisch vorgestellt und ist zum Äußersten aufgeladen mit Erwartung. Erwartet und erhofft wird, dass jemand sagt: Du bist die Frau/der Mann meiner Träume, ich tue alles für dich. Wie romantische Liebe „geht", darüber gibt es gesellschaftlichen Konsens. Was dahintersteckt, ist nicht immer klar. Manchmal Egoismus (sich mit einem schönen Menschen an der Seite schmücken) oder Routine (mit jemandem zusammen sein), jedenfalls ist Beziehung meist gleichbedeutend mit Enttäuschung. Weil die Erwartungen zu hoch waren; wartet man auf das, was kommt. Lustig ist eine Partnerschaft nicht immer. Aber ein Lebenspartner ist in den Augen der meisten das sichtbare Zeichen einer gelungenen, gelingenden Existenz. Es gehört dazu. Lässt sich aber nachholen.

Nix erreicht?

Was habe ich erreicht? Nichts wahrgenommen von „all den tollen“ Möglichkeiten? NIX? Ich habe sie nicht wahrgenommen, heißt, ich hab sie nicht gepackt, hab sie verpasst. Wahrnehmen bedeutet aber auch, einfach zu sehen, zu erblicken. Ich hab sie nicht gesehen. Stimmt auch.

Andere können was erzählen. Man kann nichts verpasst und dennoch alles verpasst haben, wenn man obenhin und nebenher lebt, ein Erlebnis abhakt und zum nächsten übergeht. Das Erleben soll ein bewusstes Erleben sein. Es gibt die Gefahr, dass man sich selbst beim Leben zuschaut, als sähe man einen Film. Zum bewussten Erleben kann man sich vielleicht erziehen. In vielen Büchern wird das versucht, ich bin dafür kein Experte.

Man muss dafür vermutlich bei sich sein, in seiner Mitte und so sehr, dass man nicht „Ich“ denken kann; man muss wach sein und zur Empfindung, zur Wahrnehmung werden. Vielleicht gelingt es ja, das Denken kleinzuhalten. Leider lauern überall Studien, die herausstellen, dass vieles gefährlich oder riskant oder nicht aussichtsreich ist. Wir wissen von allem zu viel, und haben wir etwas gelesen, vergessen wir es nicht mehr. „Dem Unwissenden scheint alles möglich“, sagt Josef K. in Kafkas Roman „Das Schloss“.

Wer plant und noch einmal darüber nachdenkt, verschenkt den Zauber des spontanen Einfalls. „Second thoughts" sind schädlich. Es muss einem gelingen, die Unschuld zu spielen und das Wissen zu blockieren, das einem den Zugang zum Herzen versperrt. Wenn man auf dem richtigen Weg ist, sollte man so tun, als wüsste man nichts davon. Den Weg des Tao haben, als hätte man ihn nicht! Und lieben, als liebte man nicht persönlich. Die kosmische Liebe strömt durch einen und richtet sich auf einen anderen Menschen, weil man die ganze Welt nicht lieben kann. So hegt der Rabbi, der in der Nacht zum Sabbat mit seiner Frau schläft, hohe Gedanken, und seine Partnerin auch. Wenn du dich in der Leidenschaft verlierst, heißt es, verschwindet Gottes Anwesenheit, die Schekhina, aus diesem schönen heiligen Akt.

Etwas vergessen können, was man weiß (und es irgendwo im Hirn verstecken); etwas gelassen verpassen können! Wenn unsere „Unbewegte Erkenntnis" erwacht sei – wenn wir „über den Dingen" stehen –, schreibt Daisetz Teitaro Suzuki, „so kehrst du gewissermaßen zu der Stelle zurück, von der du ausgegangen bist. Erleuchtung ist letzten Endes ganz ähnlich der Unwissenheit selber. In ihr gewinnst du deine ursprüngliche Unbefangenheit wieder."[78]

Heinrich von Kleist hat das vor über zweihundert Jahren in seiner Parabel „Über das Marionettentheater" schon ausgedrückt: Der junge Mann, der seine ursprüngliche Anmut verlor, kann sie wiedererlangen, denn „wenn die Erkenntnis gleichsam durch ein Unendliches gegangen ist", dann findet

78 Suzuki, S.49

sich „die Grazie wieder ein“. Nur muss man sein Wissen an den Rand des Gesichtskreises schieben können, um wieder zum Kind zu werden. Robert Fripp, der Gründer der Rockgruppe „King Crimson“, hat das 1995 in einem Interview abgewandelt. Der „Meistermusiker“ verliere am Beginn seine Unschuld und wisse nicht mehr, was er tue; und irgendwann entdecke er, musizierend, die originale Bewegung wieder und tue – im Rahmen seiner Erfahrung – so, als sei er unschuldig, und letzten Endes könnten wir nur eines tun: Unser Instrument spielen, bis dann vielleicht irgendwann die Musik uns spiele.

Wir denken aber alle an den nächsten Schritt. Unausgesprochen liegt ein Zweckdenken unserem Handeln zugrunde. Etwas wird getan, damit etwas Weiteres geschehe: Das „bürgerliche Kalkül“, wie Theodor W. Adorno es genannt hat. Das fing schon mit den unterschwelligen Botschaften des Christentums an. Ich bin nett zu meinem Mitmenschen, so sammele ich Pluspunkte und komme ins Paradies. Verschärft hat sich das im Konsumzeitalter, und nur ein paar Surfer und Radler gaben sich, unterstützt von Buddhisten, dem Augenblick hin, aber die „Rechner“ sind in der Überzahl.

Wenn man etwas Schönes erlebt, will man in dieser Sekunde auf keinem anderen Platz dieses Erdballs sein. Es ist einem egal, was gestern war und was morgen sein wird. So ungefähr sollte man immer leben, dann werden viele Situationen schön, dann lebt man bewusst. „Carpe diem“, riet der römische Dichter Horaz vor zweitausend Jahren: „Greif diesen Tag“. Und er fuhr fort: „Quam minimum credula postero – nimmer traue dem nächsten.“

Schwierig. Der Mensch möchte so gern glücklich sein. Die starken Emotionen, die ihm fehlen, holt er sich darum gern durch Drogen oder das Ausüben von Risikosportarten. Man jagt mit dem Rad bergab, springt mit Flügeln von einem Berg, und das wird auch noch gefilmt und auf Youtube gestellt. Bringt den höchsten Kick mit starker Präsenz; es ist eine Droge. Es ist aber nicht schlimm, das verpasst zu haben. Denn der Draufgänger wird schnell zum Draufgeher. (Diesen blöden Kalauer habe ich von einem bekifften Freiburger, der mich einmal ungefragt und penetrant quatschend von der Straßenbahn ins SC-Stadion begleitete). Zu riskant, hat außerdem Suchtpotenzial.

Bewusstheit lernt man auch, wenn man Geschehenes Revue passieren lässt, den Film sich also im Rückblick mehrmals anschaut. Was habe ich empfunden? Warum habe ich gesagt, was ich gesagt habe? Wann bin ich nervös geworden – und warum? Da war etwas, ich habe es gespürt …

Eine verpasste Chance. Das nächste Mal mache ich das anders. Es wird ein nächstes Mal geben, daran gibt es keinen Zweifel.

Viele Welten

Hugh Everett III. ist durch seine Viele-Welten-Theorie der Quantenphysik bekannt geworden, starb aber früh. Sein Freund und Mentor, der große John Wheeler, lehnte die Theorie wegen ihrer „metaphysischen Implikationen“ ab. Die Folgerungen daraus waren ihm zu ungeheuerlich. Die Theorie ist schwierig zu erklären, ich versuche es immer wieder, und vielleicht klingt es nun endlich plausibel.

Ein winziges Teilchen fliegt durch den Raum. Nun hat es durch eine Versuchsanordnung die Wahl, durch eines von vier Löchern zu schlüpfen; wir wissen nicht, welches es „wählt“. Wir messen, um zu sehen, was es tut; wir schießen das Teilchen also an und beleuchten es damit: Und es ist hinter Loch zwei. Schlagartig wird sein „Wellenpaket“ (eine Funktion mit allen Informationen über das Teilchen) „reduziert“ oder eine Wellenfunktion bricht zusammen. Wir haben ein Faktum. Loch zwei.

Aber es hätte genauso gut durch Loch eins, drei oder vier gehen können, die Möglichkeit war da. Diese Teilchen sind ja trickreich. Everett wollte diesen störenden Zusammenbruch der Wellenfunktion vermeiden und sagte tapfer: Das Teilchen ist auch durch die anderen Löcher gegangen, hat neue Welten begangen, und nicht nur virtuell, sondern ganz real. Die Berechnungen gaben ihm Recht, nur: Wir können dem Teilchen nur in einer Welt folgen, da wir uns nicht vervierfachen können. Die anderen drei Welten sind geisterhaft und phantomhaft, doch existent.

Sie existieren insofern, als sie unsere konkrete Entscheidung mit beeinflussen. Worauf ich verzichte, begleitet mich und lebt phantomhaft in mir fort. Wir kennen das: Manchmal entscheiden wir uns für etwas, doch plötzlich tut es uns unendlich leid, auf die andere Möglichkeit verzichtet zu haben; manchmal so sehr, dass wir an dem neuen Weg keine Freude mehr haben. Und manchmal schlägt man beide Alternativen in den Wind, als wollte man sich von allem befreien.

Oder wir sind durchs falsche Loch gegangen und haben das richtige verpasst. Das Gefühl ist da: Ich bin nun in einem falschen Leben. Spiele im falschen Film mit. Wer holt mich hier raus?

Aber wo sind diese Welten? Können wir daran glauben?

Wenn wir davon ausgehen, dass die korrekte Viele-Welten-Theorie eine Eigenschaft der Natur ist, dann gilt sie für jede Entscheidung: Alle denkbaren Möglichkeiten müssten dann geisterhaft um uns schweben. Ich unterschreibe einen Vertrag für einen Job in einer anderen Stadt, hätte den alten aber weitermachen oder eine Auszeit auf Feuerland oder auf Hawaii nehmen können, und nach jedem Schritt nach rechts oder nach links verzweigen sich die Welten erneut. Nein, über diese unendlichen Welten nachzudenken, macht verrückt.

„Ich bin ein War und ein Werde Sein, und ich bin ein müdes Ich“, schrieb der spanische Lyriker Blas de Otero. Was war und was sein wird, greift ineinander, was wir merken, wenn wir eine Melodie hören und die Vergangenheit in die Zukunft mit hinübernehmen; und plötzlich gleitet alles ineinander, und würde man die Wellenfunktion des Universums berechnen, meint Carl Friedrich von Weizsäcker, lebten wir in einem unendlichen Jetzt. Zum Verrücktwerden. Wir werden aber nicht verrückt, weil wir in einer konkreten Welt, in einem Leben stecken und von dem Rest nichts wissen.

Viele Leben

Vielleicht hilft die Reinkarnationsidee weiter: Ich bin in meinem Leben hier heute und weiß nicht, wo und wie ich bereits gelebt habe. Das Gute: Die Erfahrungen sind endlich, auch wenn ich tausend Leben hinter mir haben sollte. Auch dies ist ein Weg, mit den unermesslich vielen Möglichkeiten des Menschseins zu spielen.

Mehrmals zu leben, bietet Vorteile. Man kann seine Fähigkeiten viel besser entwickeln, da man mehr Zeit zur Verfügung hat und verschiedene Varianten durchprobieren kann: Mann/Frau, gesund/krank, Familie und keine, gut bezahlter Job oder Armut. Man kann positive Lehren in ein neues Leben mitnehmen, Probleme erneut durchgehen, Erfahrungen neu und anders machen, Fehler ausbügeln und Versäumnisse ausgleichen. Ein Leben könnte nicht ausreichen, um zu erleben, was es heißt, ein Mensch zu sein.

Reinkarnation ist nicht bewiesen. Es gibt freilich Hunderte Bücher und die Erfahrungen bei „Rückführungen“, und die Lehre erklärt vieles. Hans TerDam hat die Literatur studiert und schon 1987 ein abgewogenes Buch geschrieben („Exploring Reincarnation“), das noch heute aktuell ist. Der Zeitabstand zwischen zwei Leben könnte von fünfzig bis achtzig

Jahren (unserer Zeit) betragen, während der das Bewusstsein das vergangene Leben bewertet und ein neues ins Auge fasst, wie ein Schauspieler gern wieder einmal eine Rolle übernimmt, um etwas Neues an sich zu entdecken und sein Talent auszubauen.

Ian Stevenson und seine Mitarbeiter haben in Indien (und in anderen Ländern) Kinder interviewt, die sich an das vorherige Leben erinnerten, das meist ein bis zwei Jahre davor in einem Nachbarort endete. Im Alter von vier oder fünf Jahren verschwanden diese Erinnerungen. Menschen fördern unter Hypnose Reinkarnationserinnerungen zutage, die keine Fantasien sein müssen, und manche wissen an einem Ort plötzlich: Da war ich schon mal, das kenne ich.

Auf ein künftiges Leben verwiesen zu werden, ist ein schwacher Trost. *Jetzt* möchte ich ein volles Leben, *jetzt* will ich nichts verpassen. Wer würde sich zurücknehmen, nur weil er eine nächste Existenz in hundert Jahren unserer Zeitrechnung für möglich hält, die zudem alles andere als erwiesen ist? Dieser Glaube steht natürlich „in krassem Gegensatz zum christlichen Menschenbild", da er „weder die Leiblichkeit des Menschen noch seine Willensfreiheit" ernst nehme.[79] Der Zen-Buddhist glaubt eher an Wiedergeburt, an die Kontinuität im Wechsel, und nicht, dass da etwas „inkarniert", also zu Fleisch wird. Unsere Gedanken kommen weiter, es ist wie eine Kerze, die weitergereicht wird an einen anderen, der mit meinen Schöpfungen (und meinem Karma) leben muss.

79 Ramm, Die letzten Dinge (2007), S. 13

Wiedergeburt kann freilich schon in dieser Welt geschehen. In vielen Kulturen gibt es Einweihungsriten für junge Menschen, die auf ihr Leben als Erwachsene vorbereitet werden sollen. Sie werden abgesondert, müssen fasten und leiden – und gehen als neue Menschen aus dieser Herausforderung hervor. Überall und immerzu gilt es, buddhistische Bardo-Erfahrungen an der Grenze des Lebens zu machen; und manchmal hat man „das dumpfe Gefühl, seine Berufung verfehlt, das Beste seiner selbst verraten zu haben. In solchen Augenblicken der totalen Krise“, schreibt Mircea Eliade in „Das Mysterium der Wiedergeburt“, „scheint es nur eine erlösende Hoffnung zu geben: sein Leben von neuem zu beginnen“. Reset.[80]

Wir behalten die Reinkarnationslehre einmal im Hinterkopf. Sie ist nur eine Ausdehnung meines Lebens hier: Ich komme weiter, ich lerne hinzu, ich werde der oder die, die ich werden kann – nur über Jahrhunderte hinweg, in vielen Leben, da eins allein nicht reicht. Mir persönlich ist es ein Trost, zu wissen, dass meine Versäumnisse nicht in Stein gehauen sind.

Wissen muss ich sie, und kennen soll ich meine Fehler. Dann weiß ich mehr, als ich vorher gewusst habe. Es gibt das Beharrende (meine Seele), das Wiederkehrende (Muster und Vorlieben) und das Vergängliche (die Umstände); Vergangenheit und Zukunft sind Illusion, alles ist aneinander gekettet und verändert sich. Was wir waren, ist ebenso in uns wie das, wohin wir gehen, es schwingt hin und zurück und ist vielleicht ein einziger großer Fluß.

80 Eliade, Das Mysterium der Wiedergeburt (1961), S. 242

Dieses Kapitel soll mit einer Vision enden. Alle, nicht nur Eckhart Tolle, sprechen von *Jetzt*. Man will jetzt nichts verpassen, jetzt sexy sein, jetzt seinen Kick verspüren. Doch hätten wir nur das Jetzt, wir wären wie Demenzkranke, die alles sofort wieder vergessen. Das Jetzt ist eingebettet in eine größere Bewegung. Ich muss wissen, woher und wie ich in dieses Jetzt kam und wohin es führen soll. Erst wenn ich weiß, was geschehen könnte und wie ich auf das reagiere, was geschieht oder nicht, gibt mir die Erkenntnis ein, wie weniger zu verpassen wäre. Ich muss auch wissen, was ich wollen könnte, muss eine Vision meiner Zukunft haben, damit ich begreife, was ich nicht verpassen sollte.

Weizsäcker erinnert daran, dass wir, um uns einer Melodie erfreuen zu können, die Töne vor dem Jetzt speichern und sie mit den gleich folgenden Tönen in Verbindung bringen müssen. Der „wahre Gang der Welt" sei weder zeitlich noch räumlich fest bestimmbar, meint von Weizsäcker: „Eigentliche Ereignisse gibt es nur in einer umfassenden Gegenwart." Alles fließt. Wenn wir diese Erfahrung und die nächste als eine Erfahrung der Welt begreifen und zudem in der Zeit etwas zurückgehen und auch die Zukunft mit hinzunehmen, wäre die Geschichte „ein einziger individueller Prozess in einer allumfassenden Gegenwart".[81]

Alles fließt, verändert sich, flutet durcheinander, doch das „Sein" ist Stille mit unendlichem Potenzial, in der sich wiederum nichts bewegt, da sich alles bewegt, und es gibt – meint der Mystiker Jürgen Ziewe – eine Stille hinter der Stille, Gott

81 Weizsäcker, Aufbau der Physik, S. 616/617

hinter Gott und eine Realität hinter dieser. Die Phänomene der Quantenphysik und der Astronomie sind derart mysteriös, wundersam und geordnet, dass unsere Supercomputer dagegen verblassen, und wenn wir mal etwas versäumen – so what?

Reue mit Bronnie

Irgendwann endet unser Leben. Man will am Ende sagen können: Ich habe nichts verpasst. Ich habe nichts ausgelassen. Nichts bereuen will man müssen, nichts versäumt haben. Niemandem wird das zwar gelingen, aber es ist ein Leitbild fürs Leben. Dann stirbt man gelassen. Die Todkranken, die Bronnie Ware in ihren letzten Wochen begleitete, waren nicht zufrieden, und aus deren Kummer entstand 2013 das Buch „5 Dinge, die Sterbende am meisten bereuen“, das, in viele Sprachen übersetzt, ein Bestseller wurde. Die um sich greifende Furcht, etwas bereuen zu müssen, mag den Verkauf angeheizt haben; das Buch traf einen Nerv. Gut so, sagt man, denn es ist ein spritziges Buch einer unkonventionellen, ehrlichen Frau geworden.

Die Australierin Bronnie glaubt übrigens an ein Jenseits: „Seit ich selbst schon durch Meditation herrliche Orte gesehen hatte, die weit jenseits der normalen menschlichen Erfahrungsbereiche lagen, hatte ich nie bezweifelt, dass es ein Leben nach dem Tod gibt.“ Und Bronnie glaubte wohl mehr denn je daran, als sie Lenny sah und die „volle Herrlichkeit seiner Seele“, der „die pure Liebe“ war, „frei von allem anderen, strahlend, glücklich“.[82] Die Zeit sei stehen geblieben.

Trotzdem. Alle, die das Buch nicht kennen, wollen wissen, was denn die fünf Dinge seien (und, ja, meist sind es fünf, weil die Fünf über die perfekte Vier hinausreicht, sie bestätigt und ironisiert und für das Menschliche, Nicht-Perfekte steht). Da sie im Inhaltsverzeichnis aufgeführt sind, darf man sie verraten: Ich wünschte, ich hätte den Mut gehabt, mir selbst treu zu bleiben, statt so zu leben, wie andere es von mir erwarten (1); ich wünschte, ich hätte nicht so viel gearbeitet (2); ich wünschte, ich hätte den Mut gehabt, meinen Gefühlen Ausdruck zu verleihen (3); ich wünschte, ich hätte den Kontakt zu meinen Freunden gehalten (4); ich wünschte, ich hätte mir mehr Freude gegönnt (5).

Das sind Informationen. Man meint zwar immer, dass Sterbende weiser seien als wir, doch das täuscht. Auch die Verstorbenen werden nicht allein durch ihren Hinübergang in eine andere Welt zu Gurus. Doch wer das Ende seines Lebens vor sich hat, zieht eine radikale Bilanz, und sie müssen wir ernst nehmen.

Vier der fünf Punkte betreffen etwas, was der Mensch im Rückblick auf sein Leben meint, vernachlässigt zu haben. Wie schon einmal betont: Reue bezieht sich auf Getanes, bei Ungetanem handelt es sich um ein Bedauern, das nun die Sterbenden quält. Sie haben die Schwerpunkte falsch gesetzt, das sehen sie ein. Sie haben vieles verpasst, weil sie einem an-

82 Ware, S. 50/282

deren Programm folgten. Die Lehre für uns daraus ist, materielle Gesichtspunkte geringer zu achten und die menschlichen Werte in den Vordergrund zu stellen. Oder: andere Werte.

Wie es Kweku tut, der grübelt, weil er das Ende vorausahnt, denn der Infarkt wird ihn töten. In dem Roman „Ghana Must Go“ von Taiye Selasi wissen wir gleich in der ersten Zeile, dass der Chirurg Kweku Sai sterben wird: „Kweku dies barefoot, without his slippers, on a Sunday before sunrise ...“ Der Rest ist Rückblick, und er hat eine Offenbarung: Er erkennt, dass schön war, was er unzählige Male für wenig bemerkenswert hielt: seine Tochter Sadie, sein Sohn Kehinde. Die ganze Welt ist wunderschön mit Tau, Schmetterlingen und dem Rauschen der Brandung in der Ferne. Man möchte beten, und es genügt ein Wort: danke.

„Dankbarkeit“ hat der Neurologe Oliver Sacks die knappe Bilanz seines Lebens in Buchform getauft. Sein vorherrschendes Gefühl sei „das der Dankbarkeit. Ich habe geliebt und wurde geliebt, ich habe viel bekommen und ein wenig zurückgegeben; ... Vor allem aber war ich ein fühlendes Wesen, ein denkendes Tier auf diesem schönen Planeten, und schon das allein war ein wunderbares Privileg und Abenteuer.“

Kweku weiß, dass er hier in seinem Haus in Accra sterben wird, denkt an die Liebe einer Frau, zweier Frauen und fragt sich: „Warum in aller Welt habe ich das verpasst?“ Er meint: Ich habe die Liebe nicht erkannt, sie für selbstverständlich genommen; und habe selber nicht genug geliebt. Das sechste Reue-Motiv. Wir haben etwas verpasst, obwohl es da war.

Wir haben es nicht richtig gesehen und gewürdigt. Es hat uns noch gefehlt, denn die fünf Motive Bronnies sind selbstsüchtige Punkte: Ich, ich, ich. Die schöne Welt und die Liebe, die mir zuteil wurde, gehen darüber hinaus und verweisen darauf, wer wir sind.

Memento mori

Die Furcht, etwas zu verpassen, hat mit dazu beigetragen, dass das Buch über die fünf Dinge ein Erfolg wurde. Von Sterbenden und vom Tod hört man nicht gern, andererseits ist da eine Faszination, der man umso lieber nachgibt, da wir hoffen, so etwas für unsere eigene Lebenführung lernen zu können. Deshalb wird auch „Frau Magnussons Kunst, die letzten Dinge zu ordnen“ gern gelesen, denn der Tod ist nur Umhüllung. Es geht, darin verpackt, ums Entrümpeln und Wegwerfen. Da lernt man auch etwas, und wir sterben ja nicht, meinen wir.

Wir lassen uns in unserem Lebenshunger ungern stören, der – wie der Hunger des Leibes – im Westen eine Sache des Kopfes ist, nicht des Herzens. Systematisch gehen wir vor, und die Lebensführung wird zu einer Sache, zu einer Arbeit, die man gut, besser oder perfekt machen kann und bei der man nichts verpassen möchte.

Google hat ganz folgerichtig ein Projekt finanziert, das den Tod abschaffen soll, woran uns Jaron Lanier erinnert. Die

Facebook-Seite eines Verstorbenen könne wie ein Gedenkschrein besucht werden, allerdings muss man dazugehören. Kürzlich hat Facebook abgelehnt, einer Familie aus Berlin Zugang zu den Seiten ihrer Tochter zu gewähren, die sich das Leben genommen hatte. Twitter-Botschaften sind zu öffentlichen Kondolenzschreiben geworden; der Tod greift auch ins Netz ein.

„Mitten im Leben sind wir vom Tod umfangen", schrieb Notker, Abt des Klosters St. Gallen, um das Jahr 900. „Wer ist's, der uns Hilfe bringt, dass wir Gnad erlangen?" Im Mittelalter musste man jederzeit mit seinem Ableben rechnen, das Leben war ein kostbares, zerbrechliches Ding, und das galt auch noch für das 17. Jahrhundert, vor Anbruch der Neuzeit.

Wir können uns einfach totstellen und nicht mehr mitmachen. Danach macht alles umso mehr Spaß. Wir killen unsere Accounts. Wir lernen, dass es nur Accounts waren. Wir widerrufen unsere Vereinbarung mit Mephisto und holen uns unsere Seele zurück. Und leben weiter.

Weg mit dem Beobachter!

Was dann? Wie weitermachen? Ohne Smartphone ist unser Fundament fort. Wir haben altbekannte Situationen und Muster wiederholt, doch nichts hat sich verändert. Ohnehin ist das Herumgeschreibe nur Vorbereitung auf das echte Treffen. Nur die Realität kann uns befriedigen. Ohne die Accounts sind wir wie ohne Ich; und genau das schlagen Buddhisten und Weisheitslehrer vor: Von unserem kostbaren Ich Abstand zu nehmen, das völlig überschätzt wird und uns behindert.

Chögyam Trungpa schien schon 1971 unsere künftige Lage zu kennen: „Wir suchen neue Begegnungen, die möglichst genauso sein sollen wie frühere Begegnungen mit diesem Freund oder jenem Lehrer. ... Und wieder einmal in dieses nette Restaurant gehen oder sehen, was es im Supermarkt oder im Feinkostladen gibt – gar keine schlechte Idee.“ Dann treten Hindernisse auf, und wir spüren nur, dass wir Hunger haben, der nicht zu stillen ist.[83] Wir spielen das Spiel aber weiter, immer weiter. Wir schreiben und antworten und warten auf Antwort, und all das ist nur Haschen nach Wind.

Die Folgen sind „Selbstmitleid, völlige Selbstabriegelung und Selbstverdammung ... Sie verdammen sich“ – so spricht er uns an –, weil Sie überhaupt nichts Anziehendes, überhaupt nichts Schönes an sich finden.“ Aggressionen treten auf, und man verzehrt sich selbst. Wenn der Beobachter verschwinde, der sich selbst verdammt, sei man nicht mehr verdammt. „Wenn das egozentrische Ringen um Vollkommenheit ... verschwindet, ändert sich alles.“ So entstehen „Licht und Raum und Fragen und Zweifel und Verwirrungen“, alles eine positive Ausgangsbasis für Veränderungen.[84] Klingt gut, ist aber schwierig zu verwirklichen. Wie komme ich von meinem Ichbewusstsein weg? Zum Beispiel: Es sich zum Freund

83 Trungpa, S. 323
84 Ebd., S. 177/205

zu machen, meint Chögyam Trungpa. Das Ich wolle immer der Boss sein. Der Beobachter wird schnell zum Wachhund. Liebe ihn, dann liebst du dich und wirst dich nicht mehr verdammen.

Wir lieben uns ja zu wenig. Unsere Angst, der andere könnte uns nicht mehr lieben, ist die Angst, unser eigenes Gefühl könnte verschwinden. Hätten wir öfter die Erfahrung unbedingter Liebe gemacht, würde uns nichts mehr verletzen können.

Unser Ich ist eine Konstruktion, die wir in den Mittelpunkt unseres Daseins stellen. Doch das Wunder ist das Bewusstsein. Wir wissen, dass wir wir sind, und unser Bewusstsein kann anscheinend – das legen viele Nahtod-Erfahrungen nahe – ohne Körper funktionieren, da es sich eine andere Hülle schnappt und herumfliegt und Beobachtungen macht. Wir sind jetzt schon Licht und Liebe, hier, wo wir sind, sagt Jürgen Ziewe, der vierzig Jahre lang Astralreisen unternommen hat. Wir könnten ein Erwachen erleben und dem „puren Sein" begegnen.

Meditation

Ziewe schwört wie viele auf die Meditation. Er „impft" sich am Morgen mit Liebe, denkt an bedingungslose Liebe und öffnet seine Wahrnehmung; er wird zu dem, das er anschaut (nicht er schaut an, sondern es) und erfährt Glück.

Der Wahrnehmende wird zum Wahrgenommenen. Weil unser Bewusstsein hier schon unendlich ist, nur in den Körper gebannt. Wenn es sich befreien könnte, wäre alles möglich, könnte es auch ferne Universen erspüren. Klingt gut, ist aber schwierig zu verwirklichen.

Man müsste sich dazu entschließen, jeden Morgen eine halbe Stunde sich in sich zu versenken. Und das jahrelang tun. Dann würde man etwas anschauen, aber es wäre nicht mehr du, die etwas anschaut, sondern etwas würde angeschaut, und nicht du würdest etwas wollen, sondern etwas würde es wollen und gleich tun. „Meditation ist wie das Betreten von Niemandsland“, sagt der buddhistische Lehrer. Sie ist nicht bloß Langeweile, sondern „absolutes Nichtstun, und vollendetes Nichtstun eröffnet uns den Ausblick auf die höchste Meditationserfahrung“. Dann kann es zu einem Erwachen kommen, nach dem wir unsere Umwelt als etwas völlig Neues wahrnehmen: Als das Wunder, das sie ist und wir sind.

Mit der Meditiation erkennen wir an, dass wir mit der Erde verbunden sind. „Die Erde wird nicht als Gegenüber, als Sonderdasein gesehen, sondern ist eins mit der Erdhaftigkeit des Geistes“, doziert Chögyam Trungpa. Man sitzt also und konzentriert sich auf seinen Atem und vergisst sich selbst.

Erdung

Wir sprechen ja immer von Körper, Seele, Geist. Der Geist ist ganz oben, im Kopf angesiedelt (so die landläufige Ansicht), die Seele im Herzen, und der Rest ist Körper, geht und sitzt herum und trägt und hält Kopf und Herz.

Doch wenn es uns gelingt, Kopf und Herz – Vernunft und Gefühle – auszubalancieren, sind wir immer noch nicht im Gleichgewicht, warnte Karlfried Graf Dürckheim (1896-1988). Um es zu erlangen, bräuchten wir den Bauch, der auf Japanisch „Hara" heißt und seinem bekanntesten Buch den Titel gab. Der Untertitel lautet „Von der Erdmitte des Menschen", und es erschien vor mehr als einem halben Jahrhundert, 1967. Dürckheims Erkenntnisse zeigen uns einen Weg auf, wenngleich eingeschlossen in eine komplizierte Sprache, die uns fern ist.[85]

Sein Buch „Hara" jedoch folgt dem Zen-Buddhismus und wurde sogar ins Japanische übersetzt, eine seltene Ehre. Später leitete Karlfried Graf Dürckheim ein Institut in Todtmoos-Rütte im Südschwarzwald.

„Dieser Bauch scheint zu besagen", sagt uns der Graf: „Du kannst den Himmel nicht gewinnen, wenn du die Erde

85 Es soll aber nicht verschwiegen werden, dass Graf Dürckheim während des Zweiten Weltkriegs Mitarbeiter der Presseabteilung des Auswärtigen Amts in Japan war und dort auch nationalsozialistische Propaganda trieb. Nach dem Krieg wurde er über ein Jahr von den Amerikanern interniert.

verrätst.“[86] Himmel und Erde sind die beiden Pole bei Entstehung der Welt, Yang und Yin. Der Himmel ist männlich, die Erde weiblich. Kopf (Verstand) und Herz (Gefühl) symbolisieren sie, Yang und Yin, Mann und Frau. Der Körper konzentriert sich für Dürckheim in eine eng begrenzte Zone – unterhalb des Nabels. Hara ist die Gegend zwischen Magen und Unterleib. „Kikai“ heißt unter dem Nabel und wird in Verbindung mit „tanden“ gesehen, einem Punkt, fünf Zentimeter unterhalb des Nabels, in dem Hara konzentriert ist.

Das Ich ist auch für Karlfried Graf Dürckheim das Hindernis. Es will sich bewahren und lebt in ständiger Sorge, „die Leistung könne misslingen und dieses Misslingen das Ich in seiner Position gefährden, sei es nur durch einen Verlust an Prestige“. Tun und Erleben des Ichbewusstseins werden regiert von „Geltungsbedürfnis, Schmerzscheu und Angst“ ... klingt das nicht nach unseren FoMO-Folgen?

Deshalb müssen wir das Ich überwinden und uns erden. Wer in Hara lebt, lebt in seiner Mitte. Er ist gelassen, steht fest auf dem Boden, ist nicht umzuwerfen. Er nimmt das Leben an, sieht in allem das Positive. „Hara“ steht stellvertretend für die Ganzheit, für den ganzen Menschen.

Wir aber, in unserer Zeit und in unserem Leben, leben fast ohne Körper und ohne Mitte. Wir sind auf ein Display fixiert, der Geist fliegt mit den Botschaften mit, die Gefühle folgen ihnen. Unser Zeitalter ist materialistisch, ist von Objekten geprägt, die Wert haben und mittels Geld getauscht werden

86 Dürckheim, Hara (1967), S. 64

können, und dennoch sind wir mit dem Kopf in den Wolken. Die Dinge sind das, was sie für uns bedeuten, sie umzingeln uns zwar, gleichzeitig wird alles ungreifbar und körperlos, durchs Digitale fast unsichtbar; und immer noch herrschen, was den Körper angeht, Askese und Verschämtheit.

Dürckheim wird deutlich: „Herz, Kopf und Unterleib versinnbildlichten schon für den noch ‚naiven' Menschen Seele, Geist und Natur und zugleich drei Formen und drei Stufen des Bewusstseins. Das dunkle, triebhaft-sinnige Zumutesein hat sein Quellen in dem, was unter dem Zwerchfell ist, und steht im äußersten Gegensatz zum hellen Bewusstsein des Kopfes." Der Unterleib! Da ist auch die Sexualität beheimatet, die ihre Befreiung noch nicht gefunden hat. Alle sind so positiv und wehren sich gegen das „Licht hinter der Dunkelheit", die Krisen, die Triebe, die Versuchungen.

In vielen Romanen und in vielen Leben tritt die große Krise auf, die erst den Weg in eine Erneuerung aufzeigt. Der alte Mensch muss abdanken. Die Umkehr muss mit einem Fallenlassen beginnen. Der Mensch muss „niedersteigen in seine ursprüngliche Natur"[87]. Er muss sich erden und kann damit neu werden. „Es beginnt das Neuwerden immer mit einer Bewegung nach unten." Wir wollen ja immer aufsteigen, größer und strahlender werden. Nein, wir müssen uns fallenlassen, „loslassen, sich niederlassen und eingehen lassen und dann das, was aus der Tiefe neu aufsteigt, *zulassen*".

87 Ebd., S. 93/96

Die Erde ist das Mütterliche, und auch heute ist das Weibliche unterbewertet. Dürckheim gibt praktische Ratschläge und verweist darauf, dass die Haltung, das Sitzen, der Atem und das Verhältnis zwischen Spannung und Lösung wichtig seien. Schmerzen im Nacken deuteten drauf hin, dass man nicht richtig steht, denn man soll in den Schultern locker werden und sich auf den Bauch konzentrieren. Krummes Sitzen ist nicht gut; Ohr, Schulter und Hüftknochen sollen eine Senkrechte bilden. So ist man „präsent". Beim Atmen ist das Ausatmen wichtiger als das Einatmen.

Eigentlich ist es einfach: Etwas mit dem Körper machen, in die Natur hinausgehen, barfuß sein, sich aufs Rad setzen und durchs Unterholz pflügen, und wenn man die richtige Haltung hat, fährt es wie von alleine und elegant; tanzen oder joggen (ohne Kopfhörer), singen oder ein Instrument spielen. Mit den sozialen Netzen herrscht Angst, ohne sie Langeweile, und körperliches Tun vermittelt zwischen ihnen.

Wenn es gelingt, sich ein Ziel zu setzen, entsteht womöglich zwischen Angst und Langeweile ein „Flow-Kanal", wie das Mihaly Csikszentmihalyi genannt hat, der den „Flow" populär machte. Eine Wettbewerbserfahrung führt zu einem kreativen Gefühl und bringt die Person in einen anderen Zustand des Bewusstseins. Man denkt nicht mehr an sein Ego, und die schönen Bewegungen können ein Glücksgefühl erzeugen.[88]

Also sich betätigen und stetig daran arbeiten, sein Zentrum

88 Csikszentmihalyi, Flow, S. 106/107

nach unten zu verschieben. So wird man „gesetzt“, erfährt sich und die Natur und eine Nähe zu allem. Egal, wie wir es tun: Der Gedanke an die Erdung scheint nahezuliegen, da wir mit unseren Gedanken und unserem Bewusstsein zu weit weg sind. Wir müssen wieder zurückkommen auf die Erde, wir müssen Statistiken und das Geld und die Filmchen und den ganzen Flitterkram von uns werfen. Der Dichter Novalis wurde nicht einmal dreißig Jahre alt und hielt, da er im Jahr 1800 starb, nie ein Smartphone in Händen. Auch ihn kam die Ahnung von einem falschen Leben an, er spürte die Moderne voraus. Novalis schrieb:

Wenn nicht mehr Zahlen und Figuren
Sind Schlüssel aller Kreaturen
Wenn die, so singen oder küssen,
Mehr als die Tiefgelehrten wissen,
Wenn sich die Welt ins freye Leben
Und in die Welt wird zurück begeben,
Wenn dann sich wieder Licht und Schatten
Zu ächter Klarheit werden gatten,
Und man in Mährchen und Gedichten
Erkennt die wahren Weltgeschichten,
Dann fliegt vor Einem geheimen Wort
Das ganze verkehrte Wesen fort.

Literatur

Adorno, Theodor W.: Minima Moralia. Frankfurt: Suhrkamp 2003

- Negative Dialektik. Frankfurt: Suhrkamp 2003

Beckett, Samuel: Auswahl in einem Band. Frankfurt: Suhrkamp 1967

Bion, Wilfred R.: Transformationen. Frankfurt: Suhrkamp 1997

Borysenko, Joan: Minding the Body, Mending the Mind. Toronto: Bantam Books 1988

Brecht, Bertolt: Hundert Gedichte. Frankfurt: Suhrkamp 1998

Callahan, Maggie, Kelley, Patricia: Final Gifts. London. Hodder & Stoughton 1992

Chögyam Trungpa: Die Insel des JETZT im Strom der Zeit. Frankfurt: Fischer Taschenbuch Verlag 1998

Csikszentmihalyi, Mihaly: Flow. Stuttgart: Klett-Cotta 2003

Die Heilige Schrift. Stuttgart: Katholisches Bibelwerk 1966

Dürckheim, Karlfried: Hara. Weilheim: Otto Wilhelm Barth Verlag 1972

Dürrenmatt, Friedrich: Labyrinth. Zürich: Diogenes 1990

- Die Physiker. Zürich: Diogenes 1998.

Eliade, Mircea: Das Mysterium der Wiedergeburt. Zürich: Rascher 1961

Freud, Sigmund: Zur Psychopathologie des Alltagslebens. Gesammelte Werke Band vier. Frankfurt: S. Fischer 1985
Gikatilla, Joseph Abraham: Gates of Light. San Francisco: Harper Collins 1994
Greene, Graham: Eine Art Leben. Wien, Hamburg: Paul Zsolnay Verlag 1971
Hofstetter, Irene: Sie wissen alles. München: Penguin-Verlag 2016
Homer: Ilias. Stuttgart: Philip Reclam jun 1970
Horaz (Quintus Horatius Flaccus): Sämtliche Gedichte. Stuttgart: Philipp Reclam jun. 1992
I Ging. Das Buch der Wandlungen. Wiesbaden: marixverlag 2004
Jodorowsky, Alejandro: Psychomagic. Rochester: Inner Traditions 2010
Kaminski, André: Schalom allerseits. Frankfurt: Suhrkamp 1989
Klein, Stefan: Die Reisen nach Jerusalem. München: dtv 1998
Lang, Hermann: Der gehemmte Rebell. Stuttgart: Klett-Cotta 2015
Langegger, Florian: Doktor, Tod und Teufel. Frankfurt: Suhrkamp 1983
Lorimer, David: Whole in One. London: Arkana 1990
Meckel, Miriam: Brief an mein Leben. Reinbek: Rowohlt 2010
Mishima, Yukio: La via del samurai. Mailand: Bompiani 2004
Mopsik, Charles: Lettre sur la sainteté. Pairs: Verdier 1986
Neumaier, Ulrike: Die Rache der Placebos. Bielefeld: transcript 2016
Ovid: Metamorphosen. München: Wilhelm Goldmann, o. J.
Pascal, Blaise: Gedanken. Köln: Pahl-Rugenstein 1988
Pausch, Randy, mit Zaslow, Jeffrey: L'ultima lezione. Mailand: Rizzoli 2008
Phillips, Adam: Missing Out. London: Hamish Hamilton 2012
Post, Laurens van der: Venture to the Interior. London 1953
- About Blady. London: Chatto & Windus 1991
Ramm, P. Martin: Die letzten Dinge. Thalwil 2007
Rostand, Edmond: Cyrano de Bergerac. Paris: Bookking International 1993
Sacks, Oliver: Dankbarkeit. Reinbek: Rowohlt 2015
Schmiderer, Monika: Switch off und hol dir dein Leben zurück. München: Knaur 2017

Scholem, Gershom: Zur Kabbala und ihrer Symbolik. Zürich: Rhein-Verlag 1960

Sherwood, Jane: Post-Mortem Journal. London 1964

Silberstein, Schlecky: Das Internet muss weg. München: Albrecht Knaus 2018

Singer Kaplan, Helen: Sexualaversion, sexuelle Phobien und Paniksyndrome. Stuttgart: Ferdinand Enke 1988

Spitzer, Manfred: Digitale Demenz. München: Droemer 2012

- Cyberkrank!. München: Droemer 2015

Starobinski, Jean: Das Rettende in der Gefahr. Kunstgriffe der Aufklärung. Frankfurt: S. Fischer 1983

Suzuki, Daisetz Teitaro: Zen und die Kultur Japans. Reinbek: Rowohlt 1958

TenDam, Hans: Exploring Reincarnation. London: Penguin 1990

Tranströmer, Tomas: Das große Rätsel. München: Carl Hanser Verlag 2005

Weizsäcker, Carl Friedrich von: Aufbau der Physik. München: dtv 1988

Winowska, Maria: Anrecht auf Barmherzigkeit. Freiburg (CH): Paulusverlag 1972

Aufsätze:

Abel, Jessica Abel, Buff, Cheryl L., Burr, Sarah A.: Burr: Social Media and the Fear of Missing Out: Scale Development and Assessment. In: „Journal of Business & Economics Research" , First Quarter 2016, Vol. 14, No. 1.

Al-Menayes, Jamal: The Fear of Missing Out Scale: Validation of the Arabic Version and Correlation with Social Media Addiction, International Journal of Applied Psychology, Vol. 6 No. 2, 2016, pp. 41-46

Alt, Dorit: Students' social media engagement and fear of missing out in a diverse classroom. In: Journal of Computing in Higher Education, May 2017

Benvenuto, Sergio: Der schweigende Nebel, S. 60-65, in Lettre international 118

Demuth, Volker: Dem Ufer nah. S. 22-29, in: Lettre international 119, Winter 2017

Kläui, Christian: Eifersucht. S. 56-59, in Lettre international Frühling 2018

Korn, Benjamin: Rampentheater, S. 86-88, in Lettre international 118 (2017)

Liftiah, L. Dahriyanto, F. Tresnawati (2016): Personality Traits Prediction of Fear of Missing Out in College Students, in: International Journal of Indian Psychology, 3/4

Lovink, Geert: Epidemie der Ablenkung. 17-21 Lettre international 119, Berlin Frühjahr 2018

Otis, Tim: A Cure for FOMO, LinkedIn, 1. Juni 2014:

Przybylski, A. K., Murayama, K., DeHaan, C. R.% de Gladwell, V. (2013): Motivational, emotional and behavioral correlates of fear of missing out. Computers in Human Behavior, 29, 1814-1848

Twenge, Jean: Have Smartphones Destroyed a Generation?, The Atlantic September 2017

Voigt, Martin: Voll Hübsch Süße ! – Danke mein schatz du aber auch, S. 101-105, in: Kritische Ausgabe, Bonn, #30 Freundschaft, 20. Jahrgang 2016

Zeitungs- und Zeitschriften-Beiträge:

Alle Bermude per fare invidia: nasce la vacanza da sfoggiare sui social, Rep 24.4.18

BBK-Atlas zeigt düsteres Potenzial der Depressionen, 9.7.2015, Die Welt

„Bei Kindern hat das Smartphone nichts verloren", Interview mit Christian Montag, Spiegel online, 14.5.2018

„Der Aufstieg des Populismus ist eine Reaktion auf die Verarmung des öffentlichen Diskurses", Interview mit Michael Sandel, NZZ, 24.4.18

Empathie-Fähigkeit bei Studenten nimmt rasant ab, Zeit online, 30.5.2010

Facebook, crollo fra i adolescenti, La Repubblica, 1.6.2018

Fußgänger mit Smartphones gefährden Straßenverkehr, Die Welt, 8.4.16
Geld oder Liebe. Lea, Hamburg, 24.1.2018
In fila alla cassa: non cambiate, è peggio. La Repubblica, 29.12.17
Jeder dritte ruft E-Mails mehrmals pro Stunde ab, FAZ 3.9.2017
Le notifiche dello smartphone danno dipendenza proprio come l'oppio, Rep 19.4.2018
Mädchen mehr gestresst als Jungen, FAZ 1. 9.2017
Matrimonio bianco per una coppia di 3, La Repubblica, 5.4.2018
Opioid crisis: overdoses increased by a third across US in 14 months, says CDC, Guardian, 6.3.2018
Sempre più soli, anche in compagnia, Giacomo Talignani, La Repubblica, 27.1.18
Stress and social media fuel mental health crisis among girls, Guardian, 23.9.17
Tim Cook: La genta sta troppo sul iPhone, noi non volevamo questo. La Repubblica, 26.6.18
Was der Schönheitswahn auf Instagram für Jugendliche bedeutet, Isabella Braun, FAZ, 6.1.18
„Wir wollen eine positive Utopie für eine digitale Gesellschaft entwickeln", Interview mit Andreas Gebhard, Tagesspiegel Berlin, 2.5.2018

Gabriele Maria Sigg
Ehre und Algorithmus

Dr. Gabriele M. Sigg verfasst mit ihrem leidenschaftlichen Plädoyer für die EHRE einen Weckruf an die digitale Gesellschaft, dass Menschsein mehr ist – weit mehr – als nur Gewinnmaximierung, rücksichtsloses Erfolgsstreben und die Reduzierung der einzelnen Persönlichkeit auf Daten und algorithmische Analysen.
Ohne die Wiederbelebung eines in allen Lebenssituationen aktiven Ehrgefühls kann ein harmonisches, auf Mitgefühl basierendes Zusammenleben von Menschen nicht funktionieren. Ein „Raubtier-Kapitalismus", in dem allein der eigene Profit und die bestmögliche Durchsetzung der eigenen Interessen im Vordergrund steht, wird in kurzer Zeit ins Elend führen.
ISBN: 978-3-86191-097-8

Manfred Poser
Zeit und Bewusstsein
Warum Zeit eine Illusion ist

Die subjektive Wahrnehmung von Zeit ist ein uraltes Phänomen des menschlichen Erlebens. Jeder kennt die Erfahrung, dass „Zeit wie im Flug vergeht" oder die „Sekunden qualvoll langsam verrinnen". Diese Realität des Subjektiven bleibt jedoch innerhalb der üblichen Grenzen des menschlichen Denkens.
Manfred Poser berichtet in seinem Buch von Erfahrungen, welche diese Grenzen überschreiten. Anhand faszinierender Erlebnisse wird daher deutlich, dass Zeit, in der Tiefe verstanden und erfahren, eine Illusion ist.
In Wahrheit ist Zeit eine Struktur des Bewusstseins und wird von diesem entscheidend geprägt. Wer diesen Sachverhalt erkannt hat, wird auch seitens eines wissenschaftlichen Denkens nicht länger Probleme mit paranormalen oder mystischen Erfahrungen haben. Zeit wird innerseelisch und multidimensional!
ISBN: 978-3-86191-043-5